僕とジャニーズ

本橋信宏

イースト・プレス

序章

覆面作家の告白

ひとりの女性が、何かを訴えていた。

２０２３年5月14日。

地上波のすべての局が、いっせいにこの女性の訴えかける言葉を電波に乗せ始めた。

カメラに正対し神妙に語る内容は、彼女の叔父と少年たちとのそれまで表に出てこなかったある秘密についてだった。

10代の少年時代に受けたある行為を、成長した彼らが語り出したのだ。ずいぶん昔から告白はされてきたのだが、どういうわけか、この国のメディアはごく一部をのぞき、一切無視、沈黙をたもってきた。

過去に少年たちになされた性加害については、裁判にもなったが、それでも報じるメディアはほとんどなかった。

それが２０２３年になって、被害者の元少年たちの肉声をテレビ各局が報道し出したのだ。

この件に関するそもそも最初の訴えは、昨日今日の話ではなく、1988年暮れに問題提起がなされていた。

北公次著『光GENJIへ　元フォーリーブス北公次の禁断の半生記』(データハウス)が発端だった。

ジャニーズ事務所所属、紅白歌合戦1970年から連続7回出場、初期のジャニーズ事務所を支えた超人気アイドルグループがフォーリーブスだった。

リーダーである北公次は、初めてステージでバク転を披露したアイドルだった。ラジオ体操のようなダンスが主流だった当時、オリンピック金メダリスト体操選手のような派手やかなバク転を見せたのだから、衝撃は大きかった。

その後、バク転ができるアイドルはジャニーズ事務所を中心に何人も輩出されたが、北公次のバク転はひと味もふた味も違い、天高く跳ねるバク転もあれば、獲物を狩るときに姿勢を低くして襲いかかる豹のようなバク転もあった。

よく人間を2種類に分けて論じることがある。できるか、できないかという二分法で分けるとしたら、こんな分け方があるだろう。

バク転ができるか、できないか。バク転ができない側に入る私は、夕暮れの目黒川や西郷山公園で北公次のバク転を見て、心底感動し、彼の半生により深い関心をもった。

このときは豹が獲物を狩るときのバク転だった。なんのためらいもなく後方に飛翔するとき、北公次は人格すら変わったかのように見えた。

フォーリーブス時代の栄光の10年。

解散してソロになり、覚醒剤使用で逮捕され、職を失い、鳴かず飛ばず、苦闘の10年。

北公次は絶頂とどん底を味わってきた。

生まれ育った和歌山県田辺市に蟄居していた北公次を連れ出し、もう一度復活させようとした人物がいる。

私の著作『全裸監督――村西とおる伝』（新潮文庫／太田出版）に登場する主人公、村西とおるである。北公次を復活させようとし、その過程において、ジャニーズ事務所代表だった男の性加害を告発しようとしてきた。

当時はメディアも沈黙を決め込み、告白しつづけた村西とおるはドンキホーテのような扱われ方だった。

だが彼が刊行を企てた北公次の自伝『光ＧＥＮＪＩへ　元フォーリーブス北公次の禁断の半生記』は１９８８年暮れに世に出ると短期間で35万部に達し、世間の深い関心を証明した。

現在の性加害報道の源を追っていくと、すべてこの北公次の自伝にたどり着く。

『光ＧＥＮＪＩへ』を読み、同じように10代前半で事務所社長に性加害を受け、誰にも相談できず、自我が固まらないうちに精神状態が不安定になった少年たちが、声をあげ出した。

彼らは練習生のジャニーズJr.時代に被害を受け、その後事務所を退所していった。

そのなかのひとりに、平本淳也という22歳の青年がいた。

端正な顔立ちぞろいのジュニアのなかでも、平本淳也の容姿は抜きん出て、アイドルそのものだった。甘いマスクでありながら、鼻っぱしが強く、いつしか彼は物書き稼業になると、同業の私を「師匠」と呼び、長い付き合いになった。

今回、英国ＢＢＣ放送が報道したジャニー喜多川性加害報道の日本における窓口は平本淳也である。

彼を抜きにしては一連のジャニーズ問題を語ることはできない。『光ＧＥＮＪＩへ』が結び付けた縁だろう。

もっともなかには、『光ＧＥＮＪＩへ』自体が虚構の書で、北公次、平本淳也の存在を無視する動きもあった。

あの書が世に出てから35年。

すべての発端となった『光ＧＥＮＪＩへ』は、長いあいだ封印され、様々な噂が流れていた。35年がたち、あの書がいかに書かれ、北公次がいかに戦い、傷つき、そして終わりを迎えたのか。

本業が物書きの私は、仕事の過程で知り合ったある人物からの勧めで、北公次と交流をもつことになり、彼が半生を綴った自叙伝のゴーストライターを務めることになった。

その間、毎日のように会い、話を聞き出し、テープ起こしをして、不明点があれば再度尋ね、また北公次のほうから話し足りないと感じることがあると、また対面してテープを回した。

本が世に出てからも付き合いは終わらず、彼がミュージシャンとして復活を企てる際も、応援した。

最終的にはビデオを回し、私が監督まで務めることになった。

長年にわたりタブー扱いされてきたジャニー喜多川性加害問題の舞台裏を明かすことは、『光ＧＥＮＪＩへ』の覆面作家だった私に負わされた責務だろう。果たしてそこには何が書いてあったのか、またいったい何が書かれないまま残されたのか。下ろしたはずの幕をもう一度あける思いで、私はそれらを明らかにしていこうと思う。

1988年に刊行された書籍、
北公次著『光GENJIへ』（データハウス）のカバー。

僕とジャニーズ　目次

凡例

北公次著『光ＧＥＮＪＩへ』（データハウス）からの引用は、
他の雑誌などからの引用と区別するために、上・右・左の罫線で囲んであります。

僕と
ジャニーズ

第1章
発火点

歴史というのは「もしも」といういくつもの偶然で成り立っている。

もしも、あのとき、何気ない一言が21歳の女性から漏れてこなければ、歴史はまた違う流れになっていたかもしれない。


1987年秋。

沖縄。

本島最北の村・国頭村《くにがみそん》の西海岸に位置するオクマ・リゾートの高級ホテルに泊まる撮影隊がいた。

監督は村西とおる。

スタッフはクリスタル映像というアダルトビデオメーカーの助監督の日比野正明、ターザン八木、クロコダイル山本。

出演者は梶原恭子他2名。

梶原恭子は細身の姿態で、未知数の新人だった。

村西とおるは沖縄、北海道、ローマ、コペンハーゲン、ハワイといった観光地で長期ロケをおこない、いっぺんに7、8名の出演者を撮ってしまう物量主義的なところがあった。

性格も行動もすべて過剰なのだ。

前年1986年暮れに村西監督撮影隊はハワイロケの最中、現地警察・税関・FBI3班合同チームに逮捕され、長期投獄を余儀なくされた。

旅券法違反をはじめ、いくつもの罪名をかぶせて逮捕された。

半年間のブランクを経て、村西とおるが司法取引によってハワイから帰国すると、視聴者の渇望感を刺激し、以前よりも熱気を帯びたブームになり、村西とおるはAVの帝王と呼ばれるようになった。

帰国してからまた仕事依存症とでもいうべき日々が復活、沖縄での梶原恭子の撮影はそのなかの一コマだった。

＊

青い海をのぞむ、オクマ・リゾートのとある高級ホテルの一室。

昼間は首里城や守礼門といった観光スポットを撮影し、肝心のからみはホテルの部屋で撮った。

黒木香がやったように土産物店で買った貝の笛をもたせて、感じたときに吹く。

長期間のハワイ抑留のブランクがあったものの、すでに村西監督は以前の働きぶりを取りもどしていた。

撮影が中断し、ランチタイムになった。

ハワイでのつらかった抑留生活も、こんなときは格好の話題になる。

村西とおるから話を向けられると、梶原恭子が何気なく芸能人との肉体関係を口にした。

AV女優なら、たいして珍しい話ではない。

1年前の1986年夏。

梶原恭子は金沢のホテルで、コンサートの裏方などのアルバイトをしながら田原俊彦の追っかけをやっていた。

ある芸能プロダクション社長に、一目でいいからトシちゃんに会いたい、と頼み込んだところ、望みがかない、金沢でのコンサートを終えたトシちゃんから夜中に電話がかかってきて、しばらくして部屋のチャイムが鳴った。

梶原恭子にとっては夢のような一夜だっただろう。

後に彼女はメディアの取材で、「トシちゃんは週刊誌報道ではブリーフ派と聞いてたけど、実際はトランクスでした」と答えている。

田原俊彦の歌手デビューは1980年6月21日に発売された『哀愁でいと』によ

ってもたらされた。

元歌はアメリカのアイドル歌手、レイフ・ギャレットの『ニューヨーク・シティ・ナイツ』だった。

レイフ・ギャレットはブロンドの長髪で愛らしい顔立ちをしたアメリカのアイドル歌手であり、1978年の『ダンスに夢中』(I Was Made For Dancin') はディスコでよくかかるヒット曲だった。

ジャニーズ事務所からデビューする新人歌手、田原俊彦にアメリカ版アイドルのレイフ・ギャレットの曲をもってきたのは正しかった。

原曲の『ニューヨーク・シティ・ナイツ』(作詞・作曲/Andrew Joseph DiTaranto,Guy Hemric) は、ニューヨークの夜をテーマにした都会的な歌だったが、『哀愁でいと』(訳詞・小林和子) では、「赤い薔薇投げ捨て　それで終わりにしようぜ」という出だしで、恋の終わりを描いている。

タイトル通り、哀愁に満ちたメロディと歌詞が相まって、オリコンチャートの推定売上は72万枚、田原俊彦のシングル曲として最大のセールスを記録した。

大学を出て2年目の私は、念願だったフリーランスの物書き稼業にどうやったら近づけるのか模索し、鬱々としていた。

イベント制作会社で禄を食んでいた私は、少ない給料からやり繰りして、中古の国産車を買い、レコードをカセットテープに録音して、車内のカセットプレーヤーで再生して聴いていた。

そのなかの1曲が『哀愁でいと』だった。

明日が見えない24歳の日々と、この曲の清冽なセンチメンタリズムは、自分の心象風景に重なった。

今でも『哀愁でいと』が流れると、1980年のせつない陽光を思い出す。

＊

1980年代、田原俊彦の人気ぶりは凄まじかった。

第22回日本レコード大賞・最優秀新人賞、第11回日本歌謡大賞・放送音楽新人賞を受賞。『教師びんびん物語』（フジテレビ系）に主演、俳優としても活躍した。

リリースする新曲も相次ぎヒット。

このころの田原俊彦が歌い踊る際の不安定な音程を物マネするのが、今ではモノマネタレント・コロッケの定番のネタになっている。

現在は、歌手が歌い踊る際には、激しい動きで息が上がるために、流れる楽曲に合わせて口パク、あるいは声を重ねるのが主流である。

ところが80年代初頭は、ほとんどが生歌だった。

今でもYouTubeには、田原俊彦や少年隊のテレビ出演シーンが残っている。ダンスをしながら実際に歌う、生歌のジャニーズ事務所の歌手たちを、今の若い視聴者が観ると、神回だといって感動する。

口パクが当たり前の今、ライブで歌いきることは信じられないのだろう。生まれながらのアイドルといったイメージの田原俊彦だったが、デビュー前は苦労の連続だった。

1961年2月28日、神奈川県横須賀市生まれ。小学校入学直後、父親が糖尿病で死亡したため、母の実家がある山梨県甲府市に家族で転居した。姉2人、妹1人の4人きょうだいの母子家庭は生活が貧しく、中学生のころから芸能界で成功する夢をもっていた。

これは姉妹の影響が大きいとされる。

芸能界への関心は10代少女たちが一番強くもちやすく、自分の親族にルックスのいい男児がいればジャニーズ事務所に入れることを夢見る。

現実に、入所する少年たちは、姉に勧められて事務所に履歴書を送るケースが多く、田原俊彦もそのひとりだったのだろう。

この時期のジャニーズ事務所は、屋台骨を支えていたフォーリーブスが解散すると、しばらく抜けた穴を埋めるスターが不在となり、事務所としてもっとも苦しい状況だった。

体制も不完全だったのか、田原の送付した履歴書にはジャニーズ事務所からなんの連絡もなかった。

田原少年は意を決し上京すると、ジャニー喜多川社長に直接会い、入所を果たしている。

たいていの少年は事務所から連絡が来ないと、いつしか入所を諦めてしまうが、ハングリー精神に満ちた田原少年にとってはささいなことでしかなかった。

ジャニー喜多川社長に認められ、入所にこぎつけると、しばらくは甲府市から都心まで電車で移動して歌やダンスのレッスンに励んだ。

1979年秋。

田原俊彦をはじめ、近藤真彦、野村義男のジャニーズ事務所所属タレント3名が、ともにドラマ『金八先生』（TBS系）の生徒役に選ばれる。

ゴールデンタイムのドラマの威力は絶大だった。

3人のジャニーズ事務所所属のタレントたちは、10代少女たちから支持を受け、熱狂的なファン層を獲得する。

そして田原、野村、近藤の頭の漢字をもじり、たのきんトリオと名づけたあたりから爆発的人気になる。

芸能界には〝3人〟で売り出すと大バケするというジンクスがある。

古くは、美空ひばり・江利チエミ・雪村いづみの三人娘。森昌子・桜田淳子・山口百恵の花の中三トリオ。男では、橋幸夫・舟木一夫・西郷輝彦の御三家。野口五郎・西城秀樹・郷ひろみの新御三家。

本来は別々に売り出していたタレントに人気が出ると、ライバル同士としてメディアが取り上げる。所属事務所もそれに乗ると、露出が増え、結果的に人気が高まるという力学が生まれた。

ジャニーズ事務所所属の3人は、同じ事務所であったため、大々的な売り方も可能だったし、効果も独占できた。

新聞で、たのきんトリオのライブ会場に押し寄せる少女たちのすさまじい光景についての記事を読んだことがあった。

記事では、田原俊彦・近藤真彦・野村義男という見慣れぬ3名の名前をあげて、彼らが何者かわかるか、という謎かけをしていた。

私が名前から連想したのは、囲碁か将棋の大会に集った中年男たちだった。本名からジャニーズの甘いアイドルを連想することはできなかった。

トップバッターとして田原俊彦が『哀愁でいと』で歌手デビューを果たす。

1980年12月12日、田原俊彦『哀愁でいと』に遅れること6か月、近藤真彦が

『スニーカーぶる～す』（作詞・松本隆／作曲・筒美京平／編曲・馬飼野康二）で歌手デビューを果たす。

以後、田原俊彦とヒットチャートで火花を散らすライバルになる。

近藤真彦は1987年1月1日リリース『愚か者』（作詞・伊達歩〈伊集院静〉／作曲・井上堯之／編曲・戸塚修）がレコード大賞を受賞する。

田原俊彦も人気が衰えず、ドラマで主役を張りつづける。

梶原恭子が田原俊彦と関係をもったとされるのはまさしくこの時期だった。

相撲、野球といったスポーツ系のスターは、性欲処理としてタニマチの奢りで吉原のソープランドを愛用している。

芸能界のアイドルの性欲処理には、プロダクション、テレビ関係者周辺から素人女性を紹介される。

アイドルと関係をもちたい、という少女たちは多く、業界関係者は彼女たちをアイドルにあてがい、利害関係を深めていく。

最近では、国会議員になった後も、自身が女性をあてがった話を海外から発信しつづけたガーシーがそのひとりだろう。

田原俊彦に梶原恭子を紹介したのは、プロダクション関係者だった。

*

トイレの落書きのような、タイトルを書き写すのがはばかられるような問題作が1988年3月17日発売された。

『顔にベチョッとください』(クリスタル映像)。

前年、沖縄オクマ・リゾートの高級ホテルで撮られた村西とおる監督作品である。今にいたるジャニーズ事務所をめぐる問題、なかでもジャニー喜多川社長の性加害問題はこの作品が本来の発火点だった。

作中で梶原恭子の口からあのことが語られ出した。

どんなシーンなのか、当時発行されていたAV専門誌『ビデオ・ザ・ワールド』(白夜書房・コアマガジン)1988年5月号の新作ビデオ評から引用しよう。

もうすっかり定番になった村西式同時進行演出ドラマ。(略)今回の女優さん、梶原恭子ちゃんはウエットなイメージに似合わず聡明なお嬢さんで演技もそんじょそこらの昼メロ役者並みのテクを持っている。一方男優の山本クンは若気のイタリのせいかバカ度が高く、場を盛りあげてくれる。(略)このドラマ本番はまずは水準以上をクリア。しかし、視聴者の注目は中盤にインサートされるインタビューで明らかにされる〝モデルが田原俊彦とセックスしたことがある〟という事実の方にひきつけられていく。さらに、「芸能人とセックスした女」というだけで興味を抱いた村西がプライベート的に行ったらしいホームビデオで撮影したファックシーンの断片の挿入があったりで、ビデオのまとまりはガタガタに崩れてゆくのだが、野次馬的に見るには、この手のものがいちばん面白い。村西とおると兄弟になってしまった田原俊彦の心中は、果たしていかばかりであろうか？　興奮70モデル75総合75（藤木ただし）

『ビデオ・ザ・ワールド』の新作ビデオ評は毎月発売されるＡＶメーカーの新作を幅広く紹介し、識者が視聴して、興奮・モデル・総合で各１００点満点で点数をつけるというものだった。

なかでも辛口批評は読者の人気も高く、識者が、駄作を撮った監督に「田舎に帰れ！」と一喝したりする文章は大いにウケた。もちろん当事者からの反発もあるわけで、そこに毎月緊張感が生まれ、真剣勝負のページになった。批判ばかりが載っているわけではなく、埋もれた名作も積極的に評価した。監督デビュー時代ぼろくそ言われた村西とおるについても、一風変わった会話にスポットライトを当てて、黒木香『ＳＭぽいの好き』をいち早く絶賛し、村西とおると黒木香ブームを牽引したのは有名だ。

識者のひとり、藤木ただし（現在・藤木TDC）は、レンタルビデオ店のスタッフ時代にビデオ評を専門誌に送り、ライターとして声がかかり、プロの書き手になった異色の経歴をもつ。現在は、映画、事件史、路地裏、昭和酒場などと著書も多く、幅広く健筆をふるう。

このとき25歳。

黎明期の業界は、評論家も若く、活発な批評がおこなわれるものだ。

梶原恭子の発言は、撮影の合間、食事のときに世間話のなかにまじって出てきたものだった。

狙って出した発言ではない。

たまたま耳にした人物が村西とおるだったから、事態が膨らんだということだ。

当時、村西とおるのもっとも近しい助監督だった日比野正明が証言する。

「梶原恭子本人もこれをきっかけにメジャーになりたい、っていうつもりで言ったわけじゃないですからね。今は、狙って言うのが多いけど、87年ころって、そういう売り方は確立されてなかったですから。つい漏らしてしまった梶原恭子本人がこの騒動を一番驚いてましたよ」

作中、三重県出身、クリスタル映像新入社員ADの山本が、梶原恭子と寸劇で理事長と保母になってやりとりをする。

村西監督得意のほとんど意味の無い軽佻なミニドラマの合間に、村西とおる本人が梶原恭子とからむ。

合間にインタビューが入る。

食事時にふと漏らした某有名アイドルとの一夜を語る梶原恭子。

作品が発売された直後、有名アイドルとの一夜について当の梶原恭子本人が語ったメディアがある。

ほとんどのメディアはジャニーズ事務所からの圧力を恐れ、このスキャンダルを無視したが、ごく一部が取り上げた。

そのひとつが『ビデオ・ザ・ワールド』だった。藤木TDCのレビューが掲載された同じ1988年5月号に、カラー4ページで梶原恭子本人から聞き出している。

聞き手は他ならぬ私、本橋信宏である。

村西とおるに一夜限りの田原俊彦との関係を話したときのことを尋ねると——。

梶原　そうですねえ。話すつもりなんてまったく無かったんですけれどね。あの、村西監督って沢山の女優さん連れて撮りに行きますよね。それで食事の時だったと思うんだけれど、監督が「おまえは誰か有名人と寝たことないのか」と言うんで「えー……」とかいってて……。（トシちゃんと私が寝たことを）知ってる人は知っていましたけれどね。

――どこでトシちゃんと知り合ったの？

梶原　あの……おっかけやってたんです。トシちゃんの。コンサート会場ずっと追い続けていくんです。チケットが手に入らないこともあるけれど、トシちゃんの泊まっているホテルに私も部屋をとって泊まったりしてたんです。

トシちゃんがデビューした頃から私、大ファンだったんですよ。東北のある高校を卒業していたんですけど、どうしてもトシちゃんに会いたくて上京したほどだったんです。

梶原恭子が泊まったホテルに知り合いの芸能プロダクション関係者がいた。田原俊彦の追っかけをしている話をしたら――。

そうしたら向こうが「おまえ本当にトシちゃんが好きなのか」って言うから「うん」って言うと、「じゃあちょっと待っていろよ、後から電話するから」って言うんです。で、トシちゃんが今から行くからってその人から電話があって……」

その後、本人とおぼしき人物から部屋に電話が入り、「10分くらいで行くから」と告げられた。

でも私はそれはイタズラじゃないかと思って半分信じられなかったんですね。

夜1時過ぎ、その人物は部屋にやってきた。

梶原　サングラスして……。上はホワイトのTシャツにジャケット、下はジーンズ。人目を忍ぶって感じでしたよやっぱり。

梶原恭子はベッドに腰かけ、憧れの人はソファに座った。

梶原　その頃、私、彼氏にふられちゃって気持ちが不安定だったんですよ。それでトシちゃんになぐさめてもらったっていう感じだから……。ごく自然ですよね。「さあ、セックスしよう!」(笑)なんて言いながらやったわけじゃないし。

梶原恭子が「私、彼氏にふられちゃったんだ」と言うと、憧れの彼から「いつまでもクヨクヨしていることはないよ」と励まされ、ふたりはムードが盛り上がり、肩を抱かれ、キス。

その後のインタビューでは梶原恭子が具体的な情事の回想をしている。体位から性器の形状、どろんこリアリズムとでもいうべき表現である。

偽証か真実か、証言を解明するとき、当人の話がいかに具体性を帯びているかが見極めになる。

証言を聞いていて、梶原恭子が嘘を言っているようには思えなかった。

具体的固有名詞がたくさん出てくることはもちろん、そのときどんな感情だったかという部分が多い証言ほど本物である。

梶原恭子の証言は具体的であり、感情の揺れがはっきり示され、リアルだった。

＊

このころ、村西とおるは日本テレビ系『11PM』に準レギュラー出演していた。

村西とおるの証言。

「番組のディレクター2人がすごく懇意にしてくれて、いつも『監督監督』って親しく接してくれていたんです。『監督、何か最近面白いことやってますか？』って聞くから、『やってるよ。今度「ありがとうトシちゃん」っていうビデオつくろうと思ってる』って言ったら、『どういうことですか?』と聞くから、『いやあ、田原俊彦とうちの女の子がね、いたしちゃったんだ。本人が告白したんだよ。それをビデオにしたんだ』。『ああ、そうですか』と。『でもそれ、ガセじゃないんですか?作りものじゃないんですか?』って言うから、『いや、作りものじゃないよ。ひょうたんから駒で、沖縄ロケに行ったときにね、こういうことがあったんです』と」

村西とおるは梶原恭子主演第1作目の内容を語った。

そして第2弾として『ありがとうトシちゃん』という新作を出す予定だと語った。

「そうしたらディレクターが『面白いですねえ』って言うから、それを放送で語ったのよ。翌週、スタジオに行ったらさ、プロデューサーにディレクター2人が怒られてるのよ。『なんでやったんだ』『なんで村西また呼んでんだ』って。あのディレクター2人がプロデューサーからイジメられてるのよ。プロデューサーはおれのほう見て、怒鳴ってんのよ。その後で、ディレクターが来て、『いやあ……監督、申し訳ありません。監督とのお仕事、もう今日が最後になりそうです』って言ってるの。悔しそうだったよ。おれはもう言葉がないよね。どこからの圧力なんだ?誰の差し金なんだ?」

＊

『週刊ポスト』も梶原恭子の告白を掲載した。

〈衝撃の告白　ビデオギャル梶原恭子「有名アイドル歌手Tは私の口の中で〝筋骨隆々〟となって」〉『週刊ポスト』1988年4月8日号。

『ビデオ・ザ・ワールド』誌上で私が聞き出した話とほぼ同じ内容を梶原恭子が証言している。

イニシャルでTになっているが、こんなプロフィールが書かれている。

Tは当代きってのアイドルタレント。三人組で学園ドラマで活躍した後、歌手デビュー。舌たらずな声と甘いルックスで人気を集めた。最近ではTVドラマにも積極的に出演、新境地を開いている。

田原俊彦そのものである。

「もし、もし。Tです。そっちの部屋へ行っていい。十分くらいで行くから、待っててね」

まぎれもなく甘える感じのTの声。それから十分後、本物のTが私の部屋に入ってきたんです。上は白のTシャツにジャケット、下はジーンズ。サングラスをかけて、人目を忍ぶ、いかにも芸能人といった感じ。

Tとの性体験告白がつづく。服装もフィニッシュも私が聞いたのとほぼ同じ内容だ。

Tとベッドを共にした翌日、帰りの飛行機も一緒になったんですが、気がついているのか、いないのか、前方の座席に座ったTは私の方を見ようともしませんでした。

Tにしてみたら、一夜限りの付き合いでしかなかった。この記事が出て数日後、村西とおるのもとに連絡が入った。村西とおるの証言。

『11ＰＭ』の騒動があって今度はね、『週刊ポスト』の編集長が、『いや困ったことが起きたんですよ』というんだ。『監督どうしても会ってもらいたい人がいるんです』と。『誰ですか？』って言ったら『ジャニーズ事務所のメリーさんっていう責任者がこちらに来るんです。トシちゃんも会いたいって言ってるんです』って言うから、こっちも『そんなこと関係ないんじゃないですか』って言ったら、『いや、会ってもらわないと』って言うわけですよ。私たちの顔を立ててくれないか、と」

日本テレビの『11ＰＭ』で村西とおるが『ありがとうトシちゃん』を宣伝したところ、担当ディレクター2名が飛ばされた。

そして次に、「歌手」との一夜を載せた『週刊ポスト』が吊し上げのターゲットになった。

村西とおるに圧を加えてきた人物がはっきりした。

ともに中心人物は、ジャニーズ事務所・メリー喜多川副社長だった。

翌日、村西とおると梶原恭子は揃ってスーツ姿で、小学館まで向かった。

会議室にはすでに小学館の重役と編集長が座っており、村西とおると梶原恭子が並んで着席した。

このとき何が起きたか。

第2章 ジャニーズ事務所マル秘情報探偵局

畳30畳はあろうかと思われる小学館会議室。

机をはさみ、村西とおる側から見て、右端に田原俊彦、隣が白波瀬《しらはせ》傑《すぐる》部長（現在、副社長兼総務責任者）、その左にメリー喜多川副社長、そして娘の藤島ジュリー景子。対する村西側は、村西の右隣に梶原恭子。少し離れた横には小学館取締役、『週刊ポスト』編集長、担当編集者が着席した。

　村西とおるの証言。

「私は言ったのよ、トシちゃんにね。『トシちゃんね、あなたも気の毒だね。普通タレントのこういう問題に関しては事務所が前面に出てね、楯になるのに、警察の面通しでもあるまいし、タレント本人をここに引き出すってことはあり得ないよ。あなたも災難だね』と。本人はふてくされてるんだよ。白波瀬部長は一生懸命おれに睨みをきかせてるんですよ。こっちも『メリーさんね、こんなことをね、やったやらないということを騒いでても、しょうがないんじゃないの？』って言いましたよ。いくら何時間ここで騒いでもね、神のみぞ知るだよ。真相はこの2人しか知らないんだから。本人はやった、トシちゃんはやらなかったってんでしょ。メリー副社長はそれなりに納得してるのか、ところがメリーの隣にいた娘のジュリーがすごい形相でおれを睨みつけてんだよ。なんでおれを睨みつけなきゃいけないんだと思ったら、まあ後で聞いたらトシちゃんをとても好きで、ともかくトシちゃんがこんなことするはずないという思いがある。トシちゃんもしょうがないから『いや、僕はしてないよ』と、板挟みになってた」

日本を代表する大手出版社の会議室で、大の大人たちが、やったやらないの応酬という、聞きようによってはまことに下世話な展開になった。

「『もうこんな話し合いをしててもしょうがないだろう。恭子ちゃん、やったんでしょう?』っておれが言ったら、メリー副社長がトシちゃんに『あなた、どうなの?』って聞くわけ。トシちゃんは『いや、やってません』って下を向いてんのよ。おれはね、『田原君ね、きみも男だし、この社長連中のいる前できみはね、やりましたとは言えないだろうけども、黙ってたらいいんじゃないのか』って言ったんだ。うつむいてたよね。そうしたら、メリー副社長が『ジュリーさん、呼びなさいよ、呼びなさいよ!』って言うわけ。目配せしたのよ。そしたらジュリーがふっと立って、外に出てって、扉を開けてね。『みんな! 入って!』って言ったのよ。今(2023年現在)、社長をしている藤島ジュリーが。あの人、今度の謝罪動画で部外者を気取ってるけど、当時から現役だから。それで6、7人の若い娘が怒鳴りながら入ってきたのよ。田原俊彦の親衛隊だよ。私のほうに目もくれず、梶原恭子に向かって『あんた嘘つくんじゃないよ、大嘘つき！』『あんた、あの場所にいたわけないじゃないのよ』『何が目的なの!?』ってさ、悪口雑言の限りを尽くすのよ。びっくりしちゃってさあ、『ちょっと待ちなさいよ。きみたち、なんだ!?』と言いましたよ。小学館の取締役にも言ったのよ。『おかしいんじゃないですか、こんな乱暴狼藉、非常識なこと。平然とやらせるんですか？』って言ったら、取締役は一応、『メリーさん困りますよ』って言い出したけどね」。

本来ならプロダクションにとって自社のタレントを守ることは重要な任務である。トラブル処理の現場にタレント本人を同席させることは、心身ともにリスクがあるので、現場に引き出すことはめったにない。

それをやってしまったことの背景を、村西とおるはこう推測した。

「あのころ娘のジュリーと田原俊彦が付き合っているという噂があったでしょ。母親も、娘が（田原を）好きなら一緒にさせるしかない、と思ったんだろうけど、あれを亭主にするのはねえ……。人の上に立つポジションはもっとしっかりした人じゃないとと思ったんだろうね。メリー副社長は、マッチを寵愛してたからね。わたしのマッチはどうするんだってことですよ。ともかくここでトシちゃんを一発ぎゃふんと言わせないと。向こうとしては、あの場にトシちゃんを連れてくるのがもうひとつのメインテーマだった。ジュリーにしてみたら、トシちゃんが追っかけと寝たなんてこと、信じたくない。だからわたしに証拠見せてちょうだいって思いですよ。だからね、あのとき、メリー副社長は『この機会にトシちゃんを放逐してマッチを帝国のナンバーワンにしよう』という思いを巡らせていたんだろうね。トシちゃんも家に帰って、『おれはなんであそこに引きずり出されてしまったんだろう』って悔し涙流したと思うよ。そういう思惑があの場で交錯してたんだよ。まぁ、メリーも若いころはきれいだったと思うよ。ジュリーも利発そうな女だったよ」

藤島ジュリー景子はこのとき22歳、大学生だった。

母が事務所副社長であったとしても、ここにいるのは不自然だ。

帝王学ならぬ女帝学をあの場で見せつけたのだろうと、村西監督は言う。

「娘に（外敵の）しばき方を教えないといけないと思ってたんだね。娘への英才教育、敵はこうやって打ちのめすんだという。お母さんは、ああやって平伏させたでしょうっていう後継者教育なんだろうけどさ、上手の手から水漏れだよ。おれは関係ないから。圧力受けてテレビ干されようが何されようが。おれがケシ粒のように飛んでいくと思ったんだろうね」

一方的にやられているわけではなかった。

*

村西とおるは知り合いの『ＦＯＣＵＳ』（新潮社刊。１９８１年創刊の写真週刊誌。写真週刊誌の草分けで、『ＦＲＩＤＡＹ』『ＦＬＡＳＨ』などが後に続いた。２００１年休刊）編集部に情報を伝えると、当日、『ＦＯＣＵＳ』は小学館の出入り口４箇所にカメラマンをつかせた。

通用口から帰るスーツ姿の村西とおると、同じくスーツ姿の梶原恭子のツーショットをとらえた。

時間差で出てきた田原俊彦の撮影も成功する。

ジャニーズ側と村西側が小学館会議室で火花を散らした事実があらためて確認された。

事態はさらに動いた。

『週刊ポスト』が４月８日号で報じた〈衝撃の告白　ビデオギャル梶原恭子「有名アイドル歌手Ｔは私の口の中で〝筋骨隆々〟となって」〉から１か月後、同誌で５ページの特集記事が掲載されたのだ。

〈真相追跡　田原俊彦が「幻の金沢の一夜」でビデオギャルを敢然糾弾！〉

（1988年5月6日／13日合併号）。

1か月前、同誌がスクープした記事を全否定したかのような手の平返しの記事だった。

本誌に対して、田原俊彦本人と所属プロダクション・ジャニーズ事務所から「記事の内容は事実無根で、本人の名誉を傷つけるもの」との厳重な抗議が寄せられた。

本誌はもう一度事実を確認するため、最良の方法として、当事者同士が席を同じくして、その場でもう一度おのおのの〝事実〟をつき合わせる以外にないと考えた。「正しいものは正しい。自信がありますから会談して事実関係をはっきりさせたい」と堂々と本誌に申し入れてきた〝被害者〟田原俊彦、ジャニーズ事務所、および所属レコード会社・ポニーキャニオン側に対し、「望むところです」と梶原恭子本人と代理人・村西とおる監督（彼女の出演ビデオ『顔にベチョッとください』の監督）が応じ、本誌編集部立ち会いのもとで、4月5日、両者の会談が行われた。

こんな書き出しの後で、ジャニーズ事務所と村西とおる側が真偽を争うのだが、タイトルにうたわれているように、この記事は100パーセント、田原俊彦とジャニーズ事務所側に立った内容だった。

田原俊彦　僕はね、君と会うの今日初めてだよね、絶対に。もし君がいうようにそんなことがあったとしたら、僕が君をわからないっていうことはないでしょう。

梶原　当時は私、太ってたから（言いにくそうに）。

田原　君、それで僕のファンだったんですか。

梶原　そうです。

田原　でも、そんなウソいってうれしい？　有名になるには、僕がかっこうの材料だから、そんなことというんだよね。僕は君に対して失礼なとか、そういう気持ちも全然起きない。誰か違う人と勘違いしてるんじゃないかな。その人を僕に当てはめたんじゃないの。

僕のファンの人で、そういう人は絶対にいない。（強い調子で）とにかく僕は、君と会うのは確実に初めてだよ。

梶原　髪型も当時は今と違っていたし、覚えていないのは当然だと思います。

田原　じゃァ、その時の僕の髪型はどうだった？

梶原　サイドが今よりちょっと長くて、上も長かったです。色も少し赤かったと思います。

この後、編集部が梶原証言の信憑性を疑って、このように記している。

その約一週間前の5月22日『瀬戸内少年野球団青春篇　最後の楽園』の制作発表の記者会見では、田原の髪の毛は黒く短かった。梶原の証言とは異なる。

全編にわたり、梶原証言を偽証としてとらえ、肝心の田原証言の信憑性の検証はまったくおこなっていない。

最後はこんなシーンで幕を閉じる。

田原　（村西監督とにらみ合う）何しろ僕は彼女を知らないわけだし、いつまでいても仕方ないから帰ります。さようなら（と席を立ち、退場）。

ジャニーズ事務所　トシちゃんの曲も知らない子が、金沢まで追っかけるなんて、常識では考えられない。あなたの場合、ファンの心理とはまるで違います。

村西　こちらもこれ以上お話ししても無駄ですから……（村西監督は、梶原をうながすと「そういうことで、ひとつよろしく」と席を立ってしまった）。

35年ぶりに記事を再読した村西とおるが証言する。

「この当時（1988年）の背景から解説しないといけないんだけど、小学館は小学生の学年雑誌が1年生から6年生まであって、社名になったほどの大看板だったんです。そこに登場するのがジャニーズ事務所のアイドルたちですよ。光GENJIが人気絶頂で、シブがき隊、少年隊、マッチにトシちゃん、彼らが誌面に登場しなくなったら、雑誌が潰れちゃうくらいの衝撃ですよ。生命線なのよ。だからもう一切ジャニーズの問題には触れない、そういうバックグラウンドがあっておれのところに、『どうしても（ジャニーズ事務所に）会ってください』と頼んできたの。『週刊ポスト』には黒木香が毎週、対談の連載をやってお世話になってたから、仕方ないから会議室まで向かったのよ。ところがおれと梶原恭子を引っ張り出していながら、この記事は事実を書いていない。抗議しにやって来たのは『ジャニーズ事務所』って書いてあるだけ。ジャニーズ事務所って誰なんだ？　メリー副社長、白波瀬広報部長、娘のジュリーですよ。それと田原俊彦ですよ。なおかつプラスアルファとして親衛隊。人物名が出てこない。なんで？『みんな！　入って！』って乱入させた事実、そういうことも書いてないのよ。あのとき、おれは頭に来たから、もう帰るよ！って先に帰った。ところが記事ではトシちゃんが先に帰ったことになってる。トシちゃんなんか、ただ下向いてただけだから、先に帰れないよ。記事にあるようにこんなに正々堂々としゃべってないよ。編集部が必死こいてメリーさんに許しを乞うために、こんな台本を書いてるんですよ」

記事では田原俊彦の髪のスタイルと色について検証がおこなわれている。

「田原俊彦の髪形がどうだったとか、こんな長い会話、なかったよ。あたかもあったかのように脚色してるんだよ。それよりも重要なのは、メリーもジュリーも自分たちの名前を出したくないんだろう。なぜ出したくないのか？　いつも裏でうごめいて圧力かけることばかりやってきたから。ジャニーズ事務所の権力をかさに着て、メディアを操って、圧を加えて、自分たちの好きなように書かせてきたから、自分たちの正体を知られたくないから、だから人物名ではなくてジャニーズ事務所ってことになった。これはメリーなんですよ。それにレコード会社の人間なんていなかったよ。なんでこんなところに出てくるのよ。いたって書いてあるけど、しゃべった内容なんて一言も書いてない。なぜ書いてないのか。いなかったから。こんなところにレコード会社の人間が引きずりだされてたまるものか、あの場は、やったやらないの、エンドレスな平行線でしたよ」

しかしながら深夜テレビ番組の『11PM』、『週刊ポスト』が田原俊彦の一件を話題にしたり記事にしたことは、1988年当時はまださほど、ジャニーズ事務所に気を回さねばならない案件ではなかった。

村西とおるいわく「笑って済ませられる程度の話」だった。

「あの2つの件が分水嶺でしたね。マスコミもジャニーズ事務所もそれまで、お互い魚心に水心、運命共同体、対等だと思っていたら、違っていた。うち（ジャニーズ事務所）が放送局や出版社のトップにクレームを入れたら、うちが上に立ててるんだってことを学習してしまった。所属タレントのスキャンダルも封印できるんだって学んでしまった。それ以来、ドラッグ以外のことならスキャンダルはなんとでもなる、という認識をもってしまった。タレントも、ジャニーズにいればなんでももみ消してもらえると思うようになった。ジャニーズ事務所のあるタレントが、冗談半分で『おれ、ジャニーズだから、わかるよね？』なんて言ってる。もうマスコミよりも自分たちのほうが上に立てるんだって思ってしまった。あのときのジャニーズ側の抗議も、日テレは副社長、『週刊ポスト』の小学館は取締役って、トップに直にクレームつけて牛耳ってきた。フジテレビではジャニーズ事務所との仕事はトップの日枝（久）が直々に采配する案件と言われてる」

この出来事こそ、ジャニーズ事務所へのマスメディア忖度の起点になっているのではないか。

＊

村西とおるは、一方的にやられているばかりではなかった。

「八木、すぐに電話回線引く手配しろ。大至急」

「はい」

命じられたターザン八木は、サンドバッグ軍団のメンバーである。

村西監督は言葉と同時に手が出ることから、部下たちのことはいつしかそう呼ばれるようになった。

サンドバッグ軍団キャップ日比野正明は、１９６１年岐阜県土岐市出身。

とある建材関係の会社員からカメラマンに憧れ独立するも、食えず、知り合いの紹介で映像制作会社に転職、そこはＡＶメーカーだった。

面接を受けたと同時に合格。

採用したのは村西とおるだった。

当時、村西監督は猛烈に忙しかったこともあって、日比野青年は6年に及ぶ会社暮らしを余儀なくされる。

助監督、カメラマン、男優まで命じられてこなした。

専属女優・卑弥呼に惚れてしまうが、最後は卑弥呼は初恋の男に嫁いでしまう。

この辺のエピソードはNetflix版『全裸監督』で、柄本時生演じる三田村青年が好演している。

口は悪いがいつも底抜けに明るい。

サンドバッグ率も一番高い。

そしてターザン八木。

村西とおるのもとで助監督をやり、時には男優もこなす。

進学校の埼玉県立川口高校ではラグビー部に所属していた。

勉強よりも大好きな映像の世界に進みたいと、映像の学校で学び、卒業するとテレビCM制作会社に入社した。

ところが仕事が合わず、転職先を探していると、洋画ビデオ配給会社の求人募集を知り、応募、即採用となった。

そこはたしかに洋画ビデオを販売していたが、母体はそのころ勃興したアダルトビデオのメーカー、クリスタル映像だった。

そこで助監督をやってみないかと誘われて、やりだした。

村西とおるとスタッフがハワイで抑留されて、制作する人間がいなくなったために、急遽、助監督のポジションがあいたのだった。

AVの撮影現場で仕事をするのは、刺激的だった。

なにしろ童貞だったのだから。

それを知った山口強平監督は八木に出演させ、ビデオで童貞を卒業させた。

これをきっかけに、ラグビーで鍛えた肉体を誇り、どんなときでも奮い立たせる八木は、ターザン八木と呼ばれるようになった。

Netflix版『全裸監督』で、後藤剛範が演じたラグビー後藤のモデルである。

そのターザン八木が村西とおるに命じられ、電話回線を引いた。

開設したのは「ジャニーズ事務所マル秘情報探偵局」。

人を食ったようなネーミングだが、1988年当時は、まだネットもSNSも普及していなかったので、村西とおるは専用電話を開設し、ジャニーズ事務所所属タレントの情報を大募集したのだった。

ジャニーズ事務所所属タレントのスキャンダル情報を収集し、ジャニーズ事務所の力が及ばない一部週刊誌、夕刊紙といった媒体に載せて反撃しようとしたのだ。

「ジャニーズ事務所マル秘情報探偵局」の電話番号にかけると、テープから村西とおるの頭のてっぺんから飛び出したような脳天気な声が流れてきた。
「ハーイ！　こちらはジャニーズ事務所マル秘情報探偵局です！　探偵局では今、ジャニーズ事務所に関するあらゆる情報を集めています。ナイスな情報を教えてくれたきみに、千円から一千万円までの賞金をお贈りいたします。さあ、思い切ってきみだけが知っているジャニーズ事務所に関する情報をぜひ話してください。ブーッという音が鳴ります。そしたらきみの連絡先も忘れずにね。さあ、いいかな……いくよお……レッツゴー！」
私は笑いを噛み殺すのに必死だった。
あらゆる事象をすべて吉本新喜劇のような爆笑に変えてしまう、村西とおるの尋常ならざる破壊力だった。
ジャニーズ事務所マル秘情報探偵局に録音された声は様々だった。
「何がレッツゴーだ、馬鹿野郎！」（中年男性）
「バーカ。そんなことして何が面白いの。最低。おまえなんか死んだほうがいいんじゃないの」（10代少女）
「おい、村西、聞いてんのかよ。わかってんのかよ村西、その敬語やめろ！」（20歳前後の青年）
「なにがナイスよ！　ひどいんじゃない。トシちゃんをそんなにいじめて何が面白

いの!?」（10代少女）
「ジャニーズ事務所をいじめるのやめてください。アイドルのプライバシー侵害するのはいけないと思います。絶対にやめて。わたしたち、みんな怒ってます」（20代前半の女性）
「自分が児童福祉法違反で捕まったからって他人まで巻き添えにするのは絶対よくない。人に見せるためにセックスするなんて最低」（年配の女性）
「光GENJIのサイン入りポスターが欲しい」（10代少女）
なかにはこんな勘違いの電話もあった。
「黒木香とやらせろ！」（中年男性）
「村西さん、わたしとテレホンセックスしてちょうだい」（中年女性）
真偽不明のスキャンダルもあった。
「光GENJIの大沢君って昔からナンパしまくっているんです。人気が出たら連絡をなんにもくれなくなって、この前連絡したら、『電話するな』ってガチャンって切られちゃったんです」（10代少女）
「光GENJIのカーくんが工藤静香さんと公園のベンチにいるところを目撃したんです」（10代少女）
「えー、光GENJIの諸星のあばら骨が折れたときの原因は、少人数のやつらに

よって殴られての怪我だったんです」（10代少年）

この他に3人組の超人気トリオのリーダー格が同時期にデビューした女性アイドル歌手と男女の関係にあったという具体的な情報もあれば、所属アイドルが赤坂の焼き肉店で母親に甘えていた、といった微笑ましいネタもあり、わずか1か月間で千件以上の情報が吹き込まれたのだった。

事務所関係者らしき人物からの内部情報も複数入ってきた。

「ジャニーズ事務所に伊豆喜久江っていう40代の女性がいるんです。彼女は総務を担当してるんですが、事務所のなかでも実力者でメリーさんに気に入られています。毎年メリー賞というのがあって、その年に仕事をがんばったスタッフに賞が贈られるんですが、たいてい伊豆さんがもらっています。でも彼女はスタッフの間では、『伊豆ババ』と呼ばれて煙たがられているんです」（20代男性）

「ワシントンハイツでジャニーの部屋からパンツ一丁で少年が逃げ出して、ジャニーが追いかけていったなんてことがよくあったよ。チョコレートとガムで誘い込んでるんだ」（50代男性）

ジャニーズ事務所が存在しなかった1950年代後半、米国籍をとっていたジャニー喜多川は米大使館軍事顧問団に勤務していた。

ワシントンハイツ（現在の代々木公園）の進駐軍宿舎に住んでいたジャニー喜多川

青年は付近の少年たちを誘い、ジャニーズという野球チームを組んだ。

おそらくそのころのエピソードだと思われる。

元フォーリーブス・北公次に関するものも数件あった。

紅白歌合戦連続7回出場、70年代男性アイドルグループのなかでももっとも人気のあったフォーリーブス、そのリーダーだった北公次がジャニー喜多川社長と60年代後半から同棲していた、という情報だった。

北公次は芸能界から引退し、故郷の和歌山県田辺市に蟄居しているという。

第3章

北公次を探して

和歌山県田辺市。

枯木灘海岸という美しい海岸と、世界遺産・熊野古道が、紀州の織りなす自然を感じさせる。

古くは武蔵坊弁慶、異端の博物学者にして生物学者・南方熊楠の出身地でもある。最近では、紀州のドン・ファンとあだ名された実業家の不審死でも有名になった。その田辺市に15歳まで暮らしていた少年・松下公次が、後のフォーリーブス・北公次だった。

ジャニーズ事務所との全面戦争を覚悟した村西とおるは、部下の山本を田辺まで向かわせた。

山本青年は三重県出身だったので和歌山にも土地勘があるだろうというだけの理由で、彼ひとり向かわされたのである。

がっしりした体形、唇が分厚く、目が大きな山本は、サンドバッグ軍団リーダー、日比野正明によって、クロコダイルと呼ばれるようになった。

ワニのように獲物をしっかり捕まえてくることができるか。新米スタッフにとって重い任務だった。

田辺市になんの知識も人脈もなかった山本はまず駅を出ると、地元の商店街を訪ね歩いた。

今では芸能界を引退していても、昔は誰もが知る有名人だったのだから、北公次の消息はつかめるはずだ。

駅前の文房具店に飛び込み、北公次の住まいを尋ねてみたら、店主が知っていた。

やはり地元では今なお有名人だったのか。

「今、家におるから、会《お》うてみ」

ビギナーズラックというか、山本が飛び込んだ文房具店の真裏が北公次の実家だったのだ。

呼び鈴を押す。

しばらくすると、ドアが開いた。

そのときの出会いを山本が証言した。

「呼び鈴押したら、本人が出てきはった！　びっくり！　フォーリーブス時代の公ちゃんをテレビで見てたから、本人だとわかったけど、目が僕を見てるのか、何を見ているのかわからないんです。そのころ公ちゃん、世捨て人みたいな生活だったんですね。『村西とおる監督が会いたがっています。ぜひお会いしてください』って頼んだら、村西監督のこと知らない。『お金無いから』って言うんで、村西監督に電話したら、『5万円渡しなさい』ってことで、お金渡して上京してもらうことになりました」

日比野正明がビデオの編集作業をしながら、新人・山本の運の良さを讃えた。

「クロコダイルは、強い運をもってるな」

地元で短期の肉体労働をしていた北公次は、このとき無職だった。

北公次にとって何年かぶりの上京になった。

宿泊先は都心のホテルニューオータニ。

1988年盛夏。

私は村西とおるがクリスタル映像から独立して、新たに立ち上げた目黒区青葉台のダイヤモンド映像に着いた。

白い外壁のしゃれた筒状のビルである。

村西とおると私は千代田区紀尾井町のホテルニューオータニに向かった。

あいにく撮影で社用車がすべて出払っていたので、山手通りまで出てタクシーをつかまえようとしたが、なかなか空車が見つからない。

せっかちな村西とおるは、タクシーを諦めると、近くのバス停から珍しく都バスに乗って目的地に向かうことにした。

渋谷駅まで、両手で吊革につかまりながら村西とおるが「北公次は再デビューしたがってるんですよ」と言った。

バスが大きく揺れて吊革がきゅっきゅときしむ。

「おれはあいつが芸能界に復帰するのを手伝おうと思ってるんだ。今の境遇を聞いたら泣けてくるぞ」

村西とおるは意外な復帰策を開陳した。

「マジシャンで復帰するのがいいと思うんだ」

「マジシャン？　北公次が手品やるんですか」

「歌や役者はもう無理なんですよ。手に職をつけなければ芸能界でもどこでも食っていけないんですよ。どうだ、マジシャン。最近は手品の道具も発達してるらしいから、初心者でもすぐなんとかなるだろう。どうだ、北公次のマジシャン宣言。ナイス？」

渋谷駅に着き銀座線に乗り換えて私たちはホテルニューオータニに到着した。

ラウンジの座席は商談中のビジネスマンや宿泊客で埋まっている。ようやく席を見つけて元アイドルの出現を待った。

テレビでしか見たことのなかった芸能人がこれから私たちの前に現れようとして

いる。

彼が画面から消えて何年になるだろう。

コーヒーをすすっていると、前方から男が現れた。

流行遅れのレイバンのサングラスをかけ長髪にバンダナを巻いている小柄な男だ。

村西とおるが満面に笑みを咲かせた。

「公ちゃんですね。お待ちしておりました。村西とおるです」

北公次は腰かけるとサングラスを外した。

元アイドルがそこにいた。

気になるのは元アイドルの土気色をした肌だった。不健康そうな張りのない顔である。

目に精気が感じられない。

35年後、村西とおるがこのときの印象を語った。

「最初会ったとき、ずいぶん老けたなあって思ったな。田辺でしばらく慣れない土木作業員やってたからか、疲れ切っちゃってたね」

元アイドルが席に着くと、村西とおるが語りはじめた。

「昨日はよく眠れましたか？」

「はい」

「ナイスですね。公ちゃん。こうなったというのも男の意地っていうんですかね。まあこう言っちゃなんですが、アダルトビデオで村西とおるという虚名が知れ渡り富と名声を得てきた。私も福島の片田舎から上京して裸一貫からやりはじめた男ですよ。ところがですよ、サクセスして満ち足りてしまった生活に物足りなさを感じているのも事実なんです。ファイトするのが人一倍好きな人間なのにね、このところすべてに満足しちゃってる。ぬるま湯に浸かりきっちゃいけないんですよね。常に刺激が欲しいんです。だからジャニーズ事務所とやり合うようになってから生き生きしちゃって。前科持ちの男が生意気なこと言って、お許しくださいね」

元アイドルは無表情だった。

付近の利用客は村西監督に気づきだしたが、対面するバンダナを巻いた男が何者かには気づかない。

「公ちゃんもフォーリーブスを解散してから覚醒剤で逮捕されたりしましたよね。私も自慢じゃありませんが児童福祉法違反で2回捕まり、アメリカでは懲役370年を求刑された男です」

「2度目の児童福祉法違反も執行猶予がついたばかりですけど」と私が付け加えた。

「余計なこと言うんじゃないよ。ですからねえ。公ちゃん。……公ちゃん、話聞いてる？　まさか今もこれやってるんじゃないだろうね」

村西とおるは腕に注射を打つ真似をした。

するとと元アイドルは先ほどの無関心ぶりから一転し、格子柄のジャケットをまくり腕を見せて「ほら、やってないよ」と言い切った。

「ナイスですね。それでですよ公ちゃん、さっそくですが、ここに本橋君がいます。彼は優秀な物書きであります。彼がお手伝いしますから公ちゃんにジャニーズ事務所時代の回想を語ってもらってですね、特に社長との仲を中心にですよ、一冊本にまとめてみてはいかがでしょう。もちろんこれといった中身がなければ、『微笑』か『東スポ』の特集記事くらいで本にはなりません。どうせなら本にしたいものですよね。さらに付け加えて言うならばわたくしどもが全面的にバックアップしようかと思っているんです。どうなんでしょう。歌も踊りもいいんですが、これからはですよ、Mr.マリックみたいにですね、ショーアップされたマジシャンが注目を浴びる存在になっていきますよね。公ちゃんも復帰するからにはなんて言うんですかねえ、歌って踊れるマジシャン、これがいいと思うんですよ。わたくしは公ちゃんの復帰にあたって全面的にバックアップいたします。ご安心ください。ディナーショーで確実に営業がとれますしね、先立つものもこれで確保できるでしょ。知り合いに手品師がいるんですよ。彼のもとで練習を積めばすぐにでもデビューできるでしょう。ね、公ちゃん。厳しい言い方するようだけど、もう北公次の名前で通用するほど甘くはないからね、芸能界は。聞いてるの？　公ちゃん。ナイトクラブから営業していくんですよ。それが一番確実な復帰の道なんです。売れるまでわたしのほうから毎月50万円固定給を払います。全面的に応援しますからね。ダイヤモンド映像の近くに部屋を借りますから、そこに住みなさい。家具一式すべてこちらで用意します。すべて面倒みます」

当初、村西とおるは北公次からジャニーズ事務所創生期のころの話を聞き出し、知る人ぞ知る秘密だった事務所代表のある秘密を暴露するような書き下ろし本を、村西とおる名義で出そうと思っていた。

北公次が洗いざらい語ることは考えにくいから、これまでジャニーズ事務所と対峙してきた自分が前面に出て世に訴えようとした。

「どうなの？　公ちゃん」

元アイドルは無表情だった。

＊

浅草ロック座で村西監督は専属のＡＶ女優たちを引き連れ「ゴージャス！　歌と踊りのダイヤモンド祭り」の舞台に立っていた。

大量生産方式でＡＶを撮りつづけてきた村西とおるだったが、未成年者が姉の健康保険証をもってきて、年齢を偽り、ビデオ出演して現金を得ようとまぎれこむこともあった。

この場合でも責めを負うのは撮る側になる。

村西とおるは何度も児童福祉法違反で逮捕され、そのたびに謹慎を余儀なくされた。

この期間にできることは、舞台に立って司会進行をするくらいだった。

蝶ネクタイを締めた村西とおるがステージに上がり、キャバレーの司会者のようにAV女優たちのストリップショーの進行をしていく。

私は近くの浅草ビューホテルに向かい、予約してある部屋で北公次と会わなければならない。

どれだけ彼が語ってくれるのかわからないが、まずは2人だけになって、元アイドルから話を聞き出す任務が待っている。

村西とおるのもとによく取材に来る週刊誌記者が、1983年に創業したデータハウスという出版社にかけあい、北公次の本を出す話をまとめてきた。

出版社の狙いは、ジャニー喜多川社長の隠された性癖であり、かつ、それをできる限り如実に記すことであるのは、こちらにも伝わってきた。

北公次と雑談交じりの話になった。

だいぶくたびれてアイドル時代の面影は感じられないが、話しだすとスター特有のぎらついた情念が見え隠れし始めた。

フォーリーブスが解散してかなりたって、テレビ番組で大勢の歌手たちがテーブルにつき、名物番組の思い出を語るという特番があった。

司会者が元フォーリーブスのテーブルに来て、マイクを北公次に向けると、「僕はしゃべるのが苦手だから、他のメンバーにまかせてます」と言っていたのを思い出した。

当時の彼は、たしかに無口で取っつきにくい印象だったが、実際の北公次はいざしゃべり出すと、むしろ饒舌だった。

和歌山県田辺市に生まれた北公次、本名・松下公次は松下家の次男として育った。父は和歌山県で1、2位を争う菓子問屋・清定株式会社や食品会社・丸清食品を経営する羽振りのいい男だった。

人のいい父は他人の負債を肩代わりして多額の借金を抱えて清定は倒産、丸清食品は伊勢湾台風と南海地震によって得意先が潰れ、連鎖して倒産してしまった。

松下公次は4歳のとき、子どもたちの前ではけっして弱音を吐かない母が夜中、親父に怒鳴られて泣いているのを見てしまった。

必死に悲しみをこらえようとするのだが、どうしようもなく胸の奥から湧き上がってくる、そんなすすり泣きだった。

松下公次は布団から跳ね起きて、母をかばい、親父に殴りかかろうとした。

「お父ちゃんなんかこの家から出ていけ！」

母をなじっていた父は拳を握りしめた。

息子は父に殴られるものと思い、目をつぶった。母がうしろで「やめなさい！」と涙声で叫ぶ。瞼をかたく閉じていたがいつまでたっても親父の拳が飛んでこない。おそるおそる目を開けると、涙で頬を濡らしている親父がいた。

父と子の愛憎二筋の場面は、北公次の支援者、全裸監督・村西とおるの幼いときのエピソードによく似ていた。

諸悪の根源は貧困だった。

松下少年が小学校3年のころ、父の事業は相変わらず失敗の連続で、その上父は自転車から転倒して6か月間も自宅療養をするはめになった。

母は近くの工場に通い、洋服のボタンをつくる仕事で家計を支えていた。

松下少年は学校から帰ると、すぐに母の働いている工場へ走って行き、小遣いをねだった。10円玉さえくれるはずはないのに、いつもおふくろに小遣いをねだりに行った。母の愛に飢えていたのだろう。

松下少年が中学1年のとき、母が胆石で倒れて入院してしまった。

家と母のために何かしなければと思い、牛乳配達と新聞配達をはじめた。

それでも収入が足りないと、今度は早朝の豆腐店で手伝いもやりはじめた。牛乳と新聞配達で1か月1千円、豆腐店では1時間100円、生まれてはじめてのアルバイトだった。

松下少年は最初に手にしたアルバイトの給料で桃を買い、病院のベッドに寝ているおふくろに持っていった。

いくらバイトをしても普段の貧しさは変わらなかった。毎日の食卓にはおかずらしいおかずはなかった。ご飯にお湯かお茶をかけて胃に流しこむ。わずかな小遣いを必死になって貯めて、近所の天ぷら店に行き、一番安い野菜天ぷらを買って食べるのが最高のぜいたくだった。

日曜日は唯一のおかずが出る日だった。たいていはカレーライス、それが何よりの御馳走で日曜日が来るのを兄たちと一緒になって楽しみにしたものだ。たまにはインスタントのハンバーグが出ることもあった。1個のハンバーグを親子5人で分けるのだからひとりの胃袋に収まるのはわずかだったが、油の乗った焦げ目のあるハンバーグを口に入れたときは、もうこれで死んでもいいと思った。自殺を考えて首を吊ろうとしたある老人は、最後の晩餐をと思い、蕎麦店で食ったカツ丼に、「世の中にこんなうまいものがあったのか」と感激して死ぬのをためらい、生きる道を選んだという。

松下少年もあの日曜日のささやかな晩餐を思い出すたびにリアルに感じるのだ。

豊かさは人間の死を立ち止まらせてくれるが、貧困は死を加速させるだけだと。

＊

北公次・本名・松下公次は１９４９年（昭和24年）１月20日和歌山県田辺市に生まれた。

団塊世代のひとりである。兄と妹の３人きょうだい。

芸能人であるフォーリーブスの北公次は１９５１年（昭和26年）生まれということになっていた。

デビューが１９６８年、この時すでに19歳になっていたのだが、他のメンバーとの釣り合いやフレッシュさの演出のために17歳ということでデビューした。芸能界でよくある年齢詐称というやつだった。

芸能界デビューの後、北公次の出身地というので若い女の子たちがよく田辺市の実家にまでやってきた。

白浜温泉が近くにある紀伊半島の端の温暖な土地だ。駅前には弁慶の大きな像が立っている。田辺という町はあの牛若丸と弁慶で有名な弁慶の生まれ故郷でもある。

松下少年は小さいころ、よく弁慶の仁王立ちの真似をしてチャンバラをしたものだった。小柄で動きの敏捷な松下少年は小学校に上がると、牛若丸の役を演じることが多くなった。地元の東陽中学に入学すると、体操部に入った。特に徒手は得意だった。

放課後、体操部で練習をしていると数人が黙って松下少年の練習を見守っている。すでに彼の技は他の選手が手本にするレベルになっていた。

バク転をやりたい！

中学1年の松下少年は熱烈に思った。

バク転をやれるように毎日マットの上で練習した。それでも足りずに家に帰ってからも布団を敷いてやってみた。真っすぐ立ったまましろへ回転して両手をつき着地する。肝心なのはからだのバランスだ。頭を地面に叩きつけるのではという恐怖心を克服しなければならない。

クルリとからだを回転させるところまではいけるのだが、両手でうまくからだを支えることができずに、何度も頭を打ちつけてしまう。何度も繰り返してやっているうちに、バク転をこなせるようになってきた。完璧を求める松下少年は、真っすぐな姿勢のまま、きれいにうしろに回転できるようになるまで練習に励んだ。

大きな円運動を描けるようになれば理想的なバク転の完成となる。

中学1年の夏にはバク転に絶対の自信をもてるようになった。それからは徒手体操を中心に練習を積み重ねていった。母校の体操部は県下でも名が知られるようになり、県大会1位になった。

無口なうえ小柄で、女子生徒とまともに口もきけなかった松下少年も、中学3年のとき、ひとつ下の女の子に初恋をした。彼女が授業を受けているところを廊下からそっと窓ごしに見たり、帰宅途中のうしろ姿を見つめた。

向こうも松下少年に好意を感じていたようだったが、互いに照れ屋で満足な会話すら交わさないまま卒業してしまった。

高校に進学するつもりはまったくなかった。成績は中位だったが、経済的な余裕もなく、幼いころからカネに苦労している両親を見てきたので、早く働いて稼ぎたかったのだ。

＊

中学卒業後、名古屋の玩具問屋へ集団就職した。

金の卵と呼ばれた中卒者だったが、内実は劣悪な職場に耐えきれず職場を転々とする15歳が多数を占めた。

１９６３年3月、東陽中学の同級生３人と共に集団就職のために名古屋に向かった。

田辺の見慣れた景色を見てもまったく感傷は湧いてこなかった。

必ず金持ちになってやるんだ。

とにかく貧乏だけはいやだった。

両親のいがみ合う光景だけは見たくなかった。

中学3年に進学した時点でなんのためらいもなく就職コースを選択すると、両親は猛烈に反対した。母はせめて高校だけは出ておくれと哀願にも似た表情で松下少年を口説く。両親の思いはよくわかったが、貧乏だけはもうこれ以上味わいたくなかった。

1日も早く社会に出て働きたい、稼ぎたい、庭のある大きな家に住んで、親子みんなで笑いの絶えない家庭をつくるんだ、そうだ、いつかはおれだって嫁さんをもらうだろう、広い庭ならもう一軒建ててもいいな、そのために稼いで稼いで腐るほど金を貯めてやろう。

集団就職のその日、母は見送りに来なかった。母の涙を見たくなかった松下少年が断ったのだ。

故郷の景色が遠ざかっていく。

第二の人生がこれからはじまる。まだ見ぬ名古屋の街が目に浮かんでくる。

名古屋の玩具卸し問屋で15歳の少年の労働の日々がはじまった。

花火作りの手伝いや、玩具を箱に詰める作業に明け暮れる毎日。

禁欲的で単調な毎日だった。まだ異性との大人の関係も経験していなかった。

会社の寮では中学時代の級友も一緒だったこともあり、孤独は感じなかった。

仕事に慣れるにしたがって単調な内容に飽きが生じ、寮生活が気詰まりになってきた。詩を創作したり、将来自分が何をしているか空想にひたったりするひとりきりになれる時間が欲しかった。

厄介だったのは、日中は感じていなかった孤独感が夜中になると急に大きくなり、死の誘惑が芽生えるようになったことだった。

フォーリーブス全盛期においても、常に死の誘惑にささやきかけられた。

ある日、会社の上役と喧嘩してしまった。きっかけはささいなことだった。

日頃の不満が一挙に爆発し、猛然と食ってかかる松下少年の姿に中学時代の級友をはじめ、周りの仲間は皆驚いていた。

これ以後、仲間からも上司からも遠ざかっていく自分を感じた。

1か月もしないうちに会社を辞めてしまった。

そしてちょうどそころ、高校を中退して地元で働いていた兄が、突然家を飛び出してしまったという知らせが飛び込んできた。

大阪にいるのだろうという予感があった。和歌山に住んでいる若者にとって、大阪はまぶしい都会に映る。

松下少年は大阪に向かった。

兄を捜しながら、同時に大阪で働くことにした。

従業員募集のポスターを見て、大阪の寿司店に住み込みの見習い店員としてもぐりこむことができた。

皿洗い、床磨き、先輩店員のお使いで煙草買いにも行かされる、下積み生活がそこでも待ち受けていた。

わずかな時間が空くと大阪市内で兄が働いていそうな店を尋ね歩いた。道頓堀や心斎橋の人込みのなかを歩くたびに、この中から兄を見つけ出すことは絶望的だと思い知らされた。

途方に暮れていると、ふとあることに気づいた。

中学生のとき、社会見学で一度訪れたことがある大阪の鉄工所に学校の先輩がいたはずだ。

もしかしたらあの先輩のところに兄がいるかもしれない。

住み込みの3畳の部屋を夜中抜け出して、先輩のいる鉄工所に向かったが、肝心の兄はいなかった。

落胆していると、先輩が言葉を投げかけてくれた。

「公次、おまえにその気があるんやったらおれから工場長に言ってやるから、ここで働かんか」

その日から鉄工所の工員になった。

大手鉄鋼メーカーの下請けの下請けさらにその下請けという、零細の工場だった。

鉄くずと油にまみれながら、松下少年は名字が同じということもあって、経営の神様と崇められているナショナル（現パナソニック）創業者・松下幸之助に関心をもちだした。

いつかおれも松下幸之助のような偉人になってみせる。

鉄工所の仕事は重労働で、休みの日は疲れのために部屋で何もせずにゴロ寝を決めこむ。

テレビが一番の友人だった。

１９６４年、日本中が東京オリンピックで沸きかえっていた。

日本はいったいいくつメダルを取れるか、国技柔道は世界一の座を死守できるか、東洋の魔女・女子バレーは金メダルを取れるか、工場の仲間もアジア初のオリンピックに興奮していた。

器械体操をやっていた松下少年は体操に熱視線を送った。

体操選手への憧れがあったので、男子体操の活躍ぶりが報道されるたびに興奮した。

だが体操よりももっと興奮させるものにめぐりあった。

工場の食堂にあったテレビに、歌謡番組が映っていた。

歌い踊る、4人組の若者がいた。

ジャニーズというグループだった。

歌って踊れる、それまで日本には見られなかったスターだ。

客席からの嬌声を浴びながら、4人は軽快なステップと甘い歌声を披露した。

無数のテープが彼らに降り注ぐ。

松下少年にとってはじめて見る光景だった。

飯野おさみ、あおい輝彦、中谷良、真家ひろみの4人は、田辺から出てきた少年をとりこにした。

運動神経の良さが自慢だった松下少年は、彼らのステップを真似て踊ってみる。

SNSもYouTubeも、テレビゲームもスマホも無い60年代なかば、人々は今よりはるかに娯楽に飢えていた。

人が集まると、雑誌『明星』や『週刊平凡』の付録についた歌本を手にして、みんなで歌ったり、テレビのステップを真似た。

「公次、おまえうまいなあ。おれにも踊り教えてくれんか」

ニキビ顔の同僚と一緒に踊る。

食堂で松下少年はちょっとしたスターになった。

そしてテレビでジャニーズを見るたびにますます彼らのファンになっていった。

おれもあんなふうに歌って踊れたら、どんなに楽しいだろう。女の子にもてて、おカネも面白いように入ってくる。

詩を書くのが好きな少年は、歌も詩と同様、自分の心情を表現する手段なのだということを知った。

歌手になろうか——。

夜、床についてもなかなか眠れなかった。

大阪の『ナンバ一番』というあまりにも有名な音楽喫茶に出入りするようになった。

生で歌手の歌が聴けるのだ、生まれてはじめての生演奏体験だった。

ギターの音がドラムスの音が、そしてベースの音が響いてくる。

映画で観た『ウエスト・サイド物語』にも感動した。

歌うことがあまり得意ではなかった少年が、音楽のとりこになっていく。

このまま工場にいたってわずかなカネしか手にできないだろう。芸能界でデビューしたら、あのジャニーズのように歌って踊れて人気が出たら、夢だった広い庭のある大きな家に親子そろって住めるだろう、子どもが生まれてもおかずのない食卓にはならないだろう。

夢が少年をとらえて放さなくなった。

金持ちになる一番手っとり早い手段を見つけたのだ。

だが大阪の鉄工所勤務の少年とあの華やかな芸能界とを結び付ける接点は何もなかった。

なんとかしなければ。

『ナンバ一番』に通いつめていたある日、バンドのメンバーから声をかけられた。

「おれたちのボーヤしてみるか」

当時人気のあったスリー・ファンキーズのバックバンドを務めていたワゴンスターズのひとりが、楽屋でうろうろしていた松下少年に声をかけてくれた。

ボーヤとはバンドメンバーやタレントの雑用係だ。

ボーヤから一人前の歌手や俳優にのし上がった例もわずかだが、存在した。

ボーヤがまず芸能界へ踏み込む第一歩になるかもしれない。

「その気なら東京へついてきなよ。給料安いけどね」

「行きます！　荷物とって来ます」

翌日の夜、カバンに荷物を詰め込み夜逃げ同然で工場の寮から抜け出した。

まずはボーヤになることだ。

そしていつかジャニーズのようなスターになってみせる。

夜行列車に飛び乗り、バンドのボーヤという肩書きだけを手に松下少年は親にも告げず東京へ向かった。

＊

大阪や名古屋の都会ぶりに驚いた松下少年だったが、東京オリンピックで沸きかえる大東京はさらに大きな驚きだった。

アイビー調ファッションで決めた若者たちは、銀座みゆき通りに集うことから、みゆき族と呼ばれた。

そんな流行も、バンドのボーヤに過ぎない少年には縁のないものでしかなかった。

東京には何もかも圧倒されっぱなしだった。

「公次、ミュージシャン仲間の間ではその和歌山弁使うのやめてくれよ。ミュージシャンってカッペ野郎をばかにすっからさ」

無口な少年はまた一段と口数の少ないボーヤになってしまった。

ボーヤの仕事は玩具問屋や寿司店や鉄工所よりもつらく、まともな給料などもらったためしがなかった。

ギターやドラムスをワゴン車に積み込み、自分は荷台の中で揺られていく。クッションすらない硬い鉄板の上で7時間も8時間も移動する旅はこたえた。

そんな苛酷なボーヤ生活でも、ジャニーズが出演するテレビ番組は欠かさず見ていたし、東京での公演にはできる限り駆けつけた。

16歳の松下少年は、自分と同世代の少女たちの叫び声のなかで、客席から必死で彼らのステージを見つめていた。ジャニーズは、テレビで見るよりもはるかに迫力があった。

日劇ウエスタンカーニバルにジャニーズが出演すると聞くと、言い知れぬ興奮に包まれた。

昭和30年代初頭のロカビリーブームから、日劇ウエスタンカーニバルは若いアイドル歌手たちの晴れ舞台になっていた。そこに集うファンたちの熱狂ぶりが毎年マスコミに取り上げられていたほどだ。

はやる心で、松下少年は少女たちで埋まる日劇へ向かった。

ショーがはじまると、溢れんばかりの少女たちの絶叫で会場が満たされた。

後年、フォーリーブスとしてステージに上がると、同じように少女たちの悲鳴と歓声を浴びるのだが、このときの松下少年にはまだそうした我が身の未来は思い描けなかった。

松下少年が感動で打ち震えていると、舞台の袖でじっとこちらを見ている青年がいた。

誰を見ているのだろうと周りを見てみたが、どうも松下少年を見ているようだった。

バンド関係者だろうか。

そのハンサムな青年は松下に近づき、うしろから声をかけてきた。

「きみ、誰のファンなの？」

「ジャニーズです」

「ふーん、今何やってるんだい」

「ボーヤやってます」

「そうか、音楽の仕事やってるんだね。どう、芸能界に興味ある？」

「ええ……」

何者かわからないハンサムな青年は、そっと松下少年の肩に手をかけ、話しつづけた。

信じられない内容だった。

ステージのジャニーズはその青年のプロダクションに所属しているというではな

いか。
まさか、あのジャニーズのプロダクションの社長がこの人だなんて……。
この人を介してジャニーズのサインがもらえるかもしれない。
16歳の少年は胸がいっぱいになった。
「よかったらうちでボーヤやらないか。ジャニーズのボーヤ。面倒は見てやるから」
青年が予期せぬことを告げてきた。
そして自分はジャニー喜多川という名前だと自己紹介した。

告白

第4章

浅草ビューホテルの一室に到着すると、すでに北公次は椅子に座り、横にはショートヘアの女性が付き添っていた。

「ああ、紹介するよ。彼女は前から僕のファンでずっと応援してくれてるんだ」

北公次を古くから追っかけしていたという彼女は、北公次と同世代の40歳前後、ファッション関係の仕事をしてきたという。

元追っかけは、北公次がいかに人気があったかを熱く語り出した。

若いころのファン気質そのままに成長し、今でもライブで嬌声をあげそうな勢いを感じさせた。

70年代、公開録画の会場でもっとも大きな声援と悲鳴を浴びていたのは、フォーリーブスだった。

60年代後半、グループサウンズ（GS）ブームが吹き荒れ、ギターとドラムスの5人前後で編成されたバンドが世を席巻した。

ザ・タイガース、ザ・テンプターズ、ザ・スパイダース、ブルー・コメッツ、ザ・ジャガーズ、オックス、ザ・ワイルドワンズ。

1967年4月1日に結成したフォーリーブスは、GSブームに飲み込まれることもなく、独自の路線を歩む。

ギター、ドラムスといった楽器は使わず、ダンスと歌でステージに立つ。

GSは人気先行で実力が伴わないバンドも多く、レコーディングのときはスタジオミュージシャンが代わりに演奏していたケースも珍しくなかった。

だがフォーリーブスは本人たちが歌って踊る。ステージで代役は立てられない。実力は折り紙付きだ。

歌とダンスで勝負する、現在のK-POPの先駆けといえるだろう。

北公次が回想する。

「ウエスタンカーニバルでジャニーさんに拾われた形で、ジャニーズの付き人となったんだよ。あのころ四谷のお茶漬け屋の2階に住み込みでいたんだ。ジャニーズの付き人になれば、ひょっとするとおれもデビューできるかもしれない、なんて夢みるおれにジャニーさんは優しく『いつか芸能界でデビューさせてやるよ』と語ってくれた。最初は信じられなかったよ。急な展開だったから。でも住まいも確保できたし、お茶漬け屋の2階の6畳間でさっそく寝泊まりできるようになった」

ジャニーズ事務所はジャニー喜多川が少年たちと野球チームをつくったのが原点

といわれている。

ジャニー喜多川（本名・喜多川擴＝ひろむ）1931年（昭和6年）10月23日生まれ。父親は僧侶で、仏教の布教活動のため戦前ロサンゼルスに移住した。長女メリー、科学者だった長男（故人）、次男ジャニーが生まれる。

母親が3歳のときに亡くなったこともあり、幼少期に一家で日本に帰国、大阪で過ごした。

戦後、妻と死別した父はプロ野球チームのマネージャーをしていた。

アメリカと日本の二重国籍をもつ子どもたちは、先にアメリカに帰国した。やはりアメリカのほうが可能性があると感じたからだろうか。

1950年、人気絶頂の美空ひばりがハワイとアメリカ本土で公演をおこなう。このときジャニー喜多川の父は自身の勤務先の寺院をコンサート会場として用意するなど尽力した。

美空ひばりのステージをプロデュースしたのが息子のジャニー喜多川であり、これが彼がショービジネスにはじめて接したときだった。

1952年、朝鮮戦争に徴兵され従軍。戦争孤児となった子どもたちに英語を教えるなど、1年2か月の兵役の後、軍事援助顧問団のスタッフとして来日する。勤務先は東京のアメリカ大使館で、このころ少年野球チーム「ジャニーズ」を結成する。この中の4人がジャニーズ事務所第1号のグループになる。

ジャニー喜多川とジャニーズ事務所は、当初からアメリカと切っても切れない関係であり、ショービジネスもアメリカを手本にした。

ジャニー喜多川の口癖である「ユー」も、長いアメリカ暮らしの習性だろう。野球好きというのも、アメリカ暮らしの影響が大きい。

ジャニーという呼称は、本名のジョン・ヒロム・喜多川のジョンの愛称から来ている。

米国大使館勤務時代に、ワシントンハイツ（後の代々木公園）に少年たちを集め野球チームを結成、ニックネームから派生してジャニーズと呼ばれる。

雨で野球の練習ができなくなり、チームのメンバーから4人をつれて映画館に入る。そこで観た『ウエスト・サイド物語』に全員が感動し、4人で歌と踊りのグループ、ジャニーズ（初代ジャニーズ）を結成する。

ジャニーズ事務所の嚆矢となるジャニーズは、ジャニー喜多川社長の野球好き、ミュージカル好きをベースとして、スポーツの得意な少年たちが歌と踊りをマスターして世に打って出る、という図式を作りあげた。

スカウト・育成・プロデュースは弟のジャニー喜多川、会社マネージメントは姉のメリー喜多川という実の姉弟による二頭体制が特徴だった。

メリー喜多川は、1927年（昭和2年）12月26日、アメリカ・ロサンゼルス生まれ。

1950年代後半、四谷三丁目でカウンターバーを開業する。このバーの客だった東京新聞記者（後の作家）藤島泰輔との間に藤島ジュリー景子（現在のジャニーズ事務所社長）をもうける。

1962年6月、弟ジャニー喜多川がジャニーズ事務所を立ち上げると、バーを閉じて、事務所の経理・運営を担当する。

ジャニーズ事務所の女帝という異名をもち、芸能界に大きな影響力を与える存在になる。

＊

ジャニーズ事務所最初のスターだったジャニーズが解散し、フォーリーブスが後を継ぐ60年代なかば、表に出ることがなかった北公次の修業時代を本人が語った。

「ジャニーさんの国籍は日本とアメリカで、ハイスクール在学中に兵役志願して朝鮮戦争に従軍したという話を聞いたことがある。その後アメリカ大使館に勤務しながら姉のメリーさんと一緒に芸能プロダクションのような仕事をし出したんだ。ずっと独身だし、普段の生活は合宿所にある部屋で、フォーリーブスが売れてからも合宿所に一緒に寝起きしていた」

１９６６年、ジャニー喜多川青年と共にジャニーズが渡米する。アメリカで本格的な歌と踊りとミュージカルを習得するためだった。

３か月程度の予定だったが、10か月の長期滞在になった。

アメリカでＬＰ制作をして全米進出を狙ったとされるが、ＬＰは発売されず、ジャニーズも帰国して、１９６７年12月31日解散。

昔、海外でレコーディングやコンサートをやることが流行ったが、内実は箔を付けるために行くだけで、実質的なショービジネスは難しかった。

デビューを夢見る北公次にとって、ジャニー喜多川の長期間の不在はこたえた。

「ぼくが帰ってくるまでよくレッスンしてるんだよ」

ジャニー喜多川青年の言い付け通り、北公次は歌と踊りのレッスンに励んだ。

当時、合宿所は代々木にあり、北公次以外にも少年たちがレッスンにやってきた。

すでに彼ら小中学生のもとにもファンの女の子がつき、チョコレートやアイスクリームが差し入れられ、レッスンの合間、みんなで頬張った。

常に少女たちの嬌声があがるジャニーズ事務所の、まだ牧歌的な時代であった。

少年たちのなかでも、子役として活躍してきたトシ坊こと江木俊夫は少女たちとのコミュニケーションに長けていた。

午後3時頃から、その江木俊夫やおりも政夫や永田英二がぽつりぽつりとやってきて、夜8時になると家に帰っていく。それまでみんなで賑やかに騒いでいた部屋が嘘のように静まりかえる。

北公次はひとりぼっちの世界から抜け出せたと思っていたのに、毎日訪れるひとりだけの夜は、絶望的な時間であった。

1967年、世の中はサイケデリック・ブームに沸き、都市では学園紛争が勃発した。

熱い時代だった。

GSブームが爆発（それはまさに爆発という表現がふさわしかった）したのを目撃しながら、北公次はデビュー目前にして不発に終わったのだから、挫折感は強かった。

孤独な夜は北公次を眠らせなかった。

眠りにつくのはいつも朝方だった。

ジャニー喜多川からの「しっかりレッスンしているんだよ」という言いつけを守り、大きな鏡の前でジャニーズの踊りを真似て我流で踊った。

同じ曲を繰り返しかけて振りを会得するまで踊りつづける。

靴ずれで足にマメができて、そのうち破けて出血する。筋肉疲労で足がつる。

鬼気迫る練習ぶりに、合宿所に集まる仲間たちが心配してくれたが、北公次は受け付けなかった。

中学時代、放課後、ひとり残り体育館でバク転を練習していたときの日々がまたもどってきた。好きなことに熱中すると周りのことが見えなくなり、体が悲鳴をあげるまでやめないのだ。北公次は少年のころから、どこか破滅的な情熱を宿していた。それは天才にありがちな狂気の集中力だった。

北公次はある夜、代々木公園の合宿所を抜け出し、新宿まで歩いていった。

東京に出てきてはじめて夜、ひとりで歩く。何もかも刺激的だった。

ひっきりなしに行き交う車。派手やかなネオン。酔客がよろける飲み屋街。新宿駅までたどり着いた。


その頃から新宿にはフーテンやヒッピーと呼ばれる若者たちが集っていた。髪を肩まで伸ばした男と、サンダルに花柄模様のサイケデリックなパンツをはいた女が、新宿駅の付近で何の職も持たずにシンナーを吸いながらフラフラしている。

昭和42年頃はサイケデリック・ブームが巻き起こった年だ。ビートルズがインドに渡り、瞑想してみたり、名作『サージェント・ペパーズ・ロンリー・

ハーツ・クラブバンド』のＬＰに代表されるように、大柄の原色で彩られたイラスト模様、インドの楽器シタールの幻想的音色、幻覚を催すマリファナ、ＬＳＤ、長髪、世の中には享楽的なムードが溢れ、若者はその中に飛び込んでいった。ヒッピーやフーテンはそんなブームのなかに逃避していった若者たちでもあった。

　わずかなカネを握って人がうごめく歩道を歩いていると、若い男女が出入りしている『チェック』という店が目に入った。人いきれと流行の音楽、煙草と嬌声、酒が飲めないおれは薄暗い席に座り、コーラを注文した。

　寂しさがそこにいるとほんの少し薄れたような気がして、その日から毎日『チェック』に通いつめることとなった。そのうちに軽い挨拶をするような友人もできて一緒に踊ったりもした。


『光ＧＥＮＪＩへ』の一節である。

１９６７年当時の空気を描写するために、ビートルズと発売直後のＬＰ「サージェント・ペパーズ・ロンリー・ハーツ・クラブバンド」を援用した（インド体験は１９６８年）。ビートルズ好きの私の嗜好がこんなところに顔を出している。

1967年、サイケデリックな色彩と音が東京を彩った。未成年の北公次は街で出会ったヒッピーたちに加わり、睡眠薬遊びに浸った。後にドラッグにハマることになるのだが、このときの睡眠薬がはじめての異次元体験だった。ゴーゴーバーやスナックに入り浸り、仲間たちとばか騒ぎする。合宿所から遠ざかり、仲間の部屋に泊まることが多くなった。

初体験もその頃だった。北公次より2、3歳年上、店でよく会う色気のある女だった。

「外に出ましょう」

彼女のほうから誘ってきた。北公次はドラッグの幻覚作用を残したまま、彼女のあとをついていった。彼女もクスリを飲んでいたのだろう。気の大きくなった2人は腕を組み、歌舞伎町のラブホテル街をさまよった。

なかなかホテルに入ろうとしない北公次にしびれをきらしたのか、女がもたれかかってきて、そのまま2人はもつれこむように連れ込みホテルに入った。

生まれてはじめての空間だった。6畳程度の殺風景な部屋、先客の情事を物語るかのような煙草の残り香、女は先に服を脱いで、風呂に入った。

クスリの作用が切れかかり、北公次はこれは現実なんだと自分に言い聞かせながら女に向かっていった。独り寝をするよりはずっとましだった。

はじめての女のからだを無我夢中で抱いた。途中、どんなことをしたのかもよく覚えていない。

事が済んだあとに、代々木の合宿所と同じ孤独感が襲ってきたことだけは唯一、今も鮮明に覚えている、と北公次は打ち明けた。

男の初体験とはこんなものが多いのだろう。性体験と女性に対する憧れが、一気に現実となり、失望感に見舞われる。うしろで女が何か呼ぶ声がしたが、北公次は夜の歌舞伎町に飛び出した。

北公次が語る自身のキタ・セクスアリスを、私はできるだけ正確にかつ清潔感をもって描写したつもりだった。

フォーリーブスが解散する数年前から覚醒剤を乱用していた事実まで、北公次は告白した。

初日のインタビューは半日かかった。

だが、もうひとつ、決定的な何かが足りない。向こうから打ち明けるかと思いながら、耳を傾けてきたが、出てこなかった。

もしかしたら、あれは単なる噂でしかないのか。そもそも証言者というのがいないではないか。念のためにこちらから切り出した。

「噂なんだけど、公ちゃんとジャニーさんが親密な関係にあったっていうのは、本当ですか？」

北公次は隣の女性と視線を合わせると黙り込んでしまった。

「そういうのは噂だけですよ。ファンのわたしだって知らないんだから」と元親衛隊の女が答えた。

私が再び尋ねると、北公次は「おれはそういうのは知らない。そんな噂があるみたいだけど、そういうことはまったくないよ」と答えた。

とぼけているのか、本当に無かったのか。親密な関係というのは、間違いないのだろうが、だからといって、証拠もない。

再度、尋ねてみたが、答えは同じだった。

窓の外は暗がりである。話のつづきは明日になった。

＊

浅草ビューホテルの部屋で北公次の回想のつづきを聞く。部屋には北公次だけだった。

4日目のときだった。サングラスを外した元アイドルは思い詰めた顔つきだった。

もしかしたら、あまりにも話しすぎてしまったために、今までの話はなかったことにしてくれとでも言い出すのだろうか。

「これまでの話はすごく惹かれましたよ」

沈黙を振り払うように私が話すと、北公次は意外な言葉を吐き出した。

「謝らなくちゃいけない。おれは、ひとつだけ嘘をついたんだ。ジャニーさんとのことは……実はあったんだ。これだけは死ぬまで言わないつもりだったけど、別れた女房にも言わなかったことだけど……ほんとはあったんだよ。おれとジャニーさんには」

まさか北公次本人から打ち明けてくるとは思わなかった。

「昨日、村西さんから電話が入ってさ、いろんなこと話したんだよ。あの人も本気でおれのことを応援してくれてる。だからこっちも誠実にならないといけないと思ったんだ」

いったい村西とおるはいかなる説得を試みたのか。

応酬話法という、セールスマンが商品を売るときの必須テクニックがある。村西とおるはこの話法に磨きをかけ、どんな商品でも売ってみせる、という奇跡の話法に仕上げた。

いかに北公次を説得したのか、村西とおるが語る。

「情熱だよ、情熱。公ちゃんには、『きみ、まだそんなこと言ってたんじゃ、行くところなくなるよ。きみを応援して、あらためて世界のエンターテイナーにさせるから一から出直せ。そういう覚悟がある人間であればこそ、エネルギーもパワーも生まれるし、人の痛みもわかる。僕は前科持ちだけど、きみのような過去のある人間が大好きだよ』と、まあ応酬話法があのとき滝のように流れ出た。やっぱりね情熱なんだよ。情熱こそ人を大きく変えるのよ。なぜ情熱が人を大きく変えるかというと、情熱的な人間をみんな大好きだから。情熱は人の生き方を変える魅力がある。だから惹かれる。情熱を語れる人間に磁石のように引っ張られるんだよ。おれは昔、英語の百科事典セールスマンをやってたころ、上司から教わったんだよ。自分の好きな女だと思って話せ。ほれぼれした表情ができるからって。それ以来無敵になった。だからいつでも話すときは、相手が初恋の女、やりたい女だと思って話すようにしてるんだ」

小手先のテクニックよりも、情熱が肝心だった。

北公次は事務所の社長と4年半にわたり同棲していたと告白した。芸名の北公次は社長の名字の「喜多川」からとったものだとも打ち明けた。

北公次は吐き捨てるように打ち明けた。

「おれとジャニーさんは恋人……いや、夫婦だった」

第5章 ある行為

ジャニー喜多川が所属タレントの中で一番愛していたのは自分であったという自信と、捨てられた者の憤りが北公次のからだの中でうねっていた。

複雑な感情を今まで封印してきたが、半生を語るこの機会に、唾棄すべき思いが溢れ出てきたのだった。

私は北公次の決壊した感情の汚泥をすべて受け止める役目を担わされた。

恨みをベースに、思い出したくもない体験を吐き出す元アイドル。

被虐の記憶は、心のガードが決壊した北公次の全身からとめどなく溢れ出した。

北公次がまだデビュー前の、ジャニー喜多川社長に拾われたころの、ある秘めた出来事を語る。

それを私は『光GENJIへ』で、北公次の一人称に変換して記した。

——そこの部屋に寝泊まりするようになって2日もたつかたたないうちだっただ

ろうか、ある出来事がおれの身にふりかかった。そしてその体験はそれ以後4年半にもわたりほぼ毎日続くのだった。

このことは今まで誰にも話したこともなければ、手記に書いたこともない、おれが墓場に入るまで黙っていようとしていたことだ。おそらくジャニーズ事務所のなかでは今もきっとこれと同じことが行われているだろう。すべてをここで書き記すことがこの書の務めであるならば、あの事実を記すこともやはり避けて通ることはできない。

うすい布団に寝ているおれのもとへジャニー喜多川さんがそっとやってきておれの寝ている布団の中に入りこんできた。

「えっ？」

男同士が一緒の布団で寝るなんてことは寮生活でもなかったことだ。一瞬おれの頭のなかに〝同性愛〟という言葉が浮かんだ。だがまさか……。こんなハンサムな青年が……男と……。

やっと16歳になろうかというころ、北公次という芸名もまだないころ、田辺から出て来た少年は夜ごと、寝ている布団の中で世話になっている事務所社長のマッサージとささやきを受け入れた。


そしてだんだんおれのからだに接する態度が大胆になってくるではないか。

「コーちゃん、がんばるんだよ。きっとスターになれるんだからね、きみは。ぼくも一生懸命応援するよ、そしてジャニーズに負けないアイドルになるんだ」

熱い吐息を吐きかけおれのからだを優しく何度もさすってくる。マッサージと言えなくもなかったが、そのうちに手がおれの下半身に及んでくる。

ジャニー喜多川さんの手がおれの男性器を優しくもみほぐし、巧みな手の動きでおれの男根は意思に反して徐々に波打ってくる。

ジャニーさんがおれの首筋から頬にかけて口をつけてくる。その間もずっと男根がまさぐられていく。これがホモというやつなのか……。中学時代、ふざけて体操部で互いの股間を触って騒いだことがあったが、あのばか騒ぎとも違う、これは男と女がベッドで営む行為と同じことではないか。

せつなくささやきかけるジャニーさんは、いつの間にかおれのパジャマを脱がせていき、舌で細いからだをなめまわしていく。指でおれの男根をまるでおもちゃのようにいじりまわし、そのうちに口に含み、しゃぶりだした。巧みな舌の動き、初めてのことではないな、これはきっと経験を積んだ男の愛撫にちがいない。

怖さといやらしさと不安と……。せっかく芸能界にデビューできる近道を手につかんだと思ったその恩人に今こうやっておもちゃのようにもて遊ばれていることに言い知れぬ感情が渦巻いていった。

「やめてください……。ジャニーさん……。いやですよ……ぼく」

指と舌で巧みに男性器を刺激する。ジャニーさんも裸になり、おれのからだに密着してくる。両手でジャニーさんのからだを突き放そうとするが、上に乗ったジャニーさんは巧みにおれのからだを舌で愛撫しながら、手で勃起したペニスをしごき続ける。

心のなかで必死に嫌がっても、巧みな技巧でおれはあっという間に放出してしまった。

童貞だった北公次はこのとき、あらためて事務所社長が同性愛者だと知った。

16歳のおれは女を知る前に男と性体験をしてしまったのだった。喜劇とも悲劇ともつかない複雑な心境に陥った。おれにもしホモの性癖があるならば、また多少なりとも両刀遣いの素質があるのならば、あるいはこのジャニーさんとのホモ体験も我慢できたのかもしれない。しかしその気がまったくないおれには毎夜のジャニーさんの愛撫はまさに生き地獄だった。嫌ならばさっさと部屋から出てしまえばいい、何度そう思ったことか。しかし東京で食いつなぎながらアイドルになるためには、ジャニー喜多川氏のもとで生活する以外に手段はなかった。

これが書かれた1988年秋は、LGBTQの呼称と概念がまだ不分明だったために、文中でも不正確な表現を用いているが、時代性を考慮し、そのままの記述にしておく。

ジャニー喜多川氏の求愛は毎夜続いた。おんな（原文ママ）のからだを知る前におれはいやという程男同士のからだを味わうはめになってしまったのだ。

部屋で一人寝ていると黙ってジャニーさんがもぐりこんでくる。そしていつものようにぬいぐるみを愛撫するようにおれのからだをまさぐってくる。

「疲れてるの？　じゃあ肩をもんであげようね」

愛撫しながら優しくおれのきゃしゃな肩をもみほぐしてくれる。そして下半身に手が伸びて、まだ縮んだ男根を取り出して、巧みに手で刺激を与える。最初は抵抗するおれだが、半分はあきらめの境地、半分はこれもアイドルになるためとわりきってジャニーさんに身をまかせるのだ。

ジャニーさんは勃起したおれのペニスを口に含み、音をたててしゃぶっていく。微妙な舌と唇の動きでたちまちのうちにおれはジャニーさんの口の中に射精すると、そのままジャニーさんは飲み込んでいく。

口と手でおれをイカせてくれるのがジャニーさんの得意な愛撫術だった。もちろんそれ以外にも二人の愛し方はあった。おれの股を閉じさせて、その隙間にジャニーさんの怒張したペニスをはさみこみ何度も何度も上下に動きながらジャニーさんはおれの腹とふともも付近に大量の精液を発射する。イカせ上手なジャニーさんだが、もちろん彼もまた欲望を吐き出していく。

たまにおれの肛門に挿入することもあったが、あまりの痛さにおれは悲鳴をあげて拒絶した。だからいわゆるアナルセックスはそれほどしていない。もっぱらお互いがお互いのペニスをしゃぶったり手で刺激したり股の間にこすりつけたりして、互いが射精するのだ。

北公次は具体的な行為を率直に語った。長年の憂鬱を吹き払うかのように。

合宿所名義の部屋でジャニー喜多川氏と共に夜を過ごす生活はそれからも続いた。いやでいやで仕方がなかったのに、ジャニーさんに身をまかせなければならなかった自分に自己嫌悪を感じたこともしばしばだった。

ジャニー喜多川氏の寵愛を得ていたおれは、雑用係でしかないボーヤの身だったがいつも大事にされていた。普通ボーヤがタレントの下着を洗うのがその頃の芸能界・音楽界の常識だったので、おれもタレントの下着洗いはよくやったものだったが、おれ自身の下着は自分で洗うことは滅多になかった。なぜならジャニーさんがおれのパンツまで洗ってくれたからだ。

「コーちゃんー、お風呂に入ろう」

ジャニーさんの誘いで二人一緒にいるときはたいてい湯ぶねに共に入る。きゃしゃなおれのからだをジャニーさんがすみずみまで丹念に洗ってくれるのだ。それはきっと他人が見れば愛しあう男と女の光景となんら変わることはなかっただろう。

温かくなったからだをジャニー喜多川さんがタオルでふき、おれのくちびるにキスをする。このあとはふとんのなかで互いのからだを求めあうのだ。どんなに男同士の愛の行為を繰り返してもおれは同性愛者にはなれなかった。ジャニーさんにからだをまかせるのも、芸能界でデビューして必ずアイドルになってやるんだという目的のためだった。

北公次が2人の関係を「夫婦だった」と言った意味がよくわかった。

喧嘩ばかりしているよその夫婦よりもよほど愛情深い〝夫婦〟だった。

浅草ビューホテルの一室で告白を終えたときには、すでに窓の外は漆黒が支配していた。

話し終わったとき、北公次は放心状態になっていた。

部屋を満たすものは沈黙だけだった。

「今、しゃべったことはこれまで誰にも言ったことがなかった。本当に今日がはじめてだよ」

回想が終了すると私たちはロビーに下りていった。

サングラスをかけた北公次は、腕時計の並ぶショーウインドーに立ちすくんだ。

ホテルの宿泊客が通り過ぎていく。

バンダナを巻いた元アイドルは飽きることなくウインドーを見つづけていた。

＊

大量のカセットテープに録音された元アイドルの肉声を、私はひたすら文字に起こした。

１９８８年、時代はバブル絶頂期を迎えていた。

だがデジタル化はまだ先のことで、カセットテープから文字に起こすのにはワープロを使い、原稿は紙にプリントアウトしていた。

本人の肉声をもとに、回想に出てくるエピソードがいつの出来事かを調べる。

インターネットの無い時代だから、もっぱらアナログ的作業になった。

あらゆる雑誌がそろい、事件や人名をひくだけで、関連する記事が判明する大宅壮一文庫に足繁く通った。

戦後最大のマスコミ人、雑誌ジャーナリズムの礎をつくり、「口コミ」「駅弁大学」「太陽族」といった造語を次々に生み出した偉大なジャーナリスト・評論家の大宅壮一。

彼の業績のひとつが、膨大な蔵書を一般開放した大宅壮一文庫の開設だった。調べたい項目を書き出せば、関連する雑誌記事がコピーされて大量に入手できる。インターネット時代になるはるか前、大宅壮一文庫はアナログで築き上げた知の宇宙だった。

この施設から生まれたのが立花隆『田中角栄研究 その金脈と人脈』（文藝春秋1974年11月号）だった。同作は田中内閣崩壊の端緒となった。

フォーリーブス、北公次に関する記事の項目も大宅壮一文庫に豊富にあった。北公次本人が忘れていることも、記事を目にすると記憶がよみがえることがあった。

資料と口述による事実の補強が成されていく。

北公次こと松下公次はデビュー前、ジャニー喜多川が渡米してひとりになった。60年代後半、東京に、長髪にジーパン、昼間から何もせず、新宿駅周辺でシンナーを吸引してもうろうとする若者たちが出現した。

彼らはフーテンと呼ばれた。

松下公次はフーテン生活を送るうちに初体験の苦い思いも忘れ、何人もの女と寝た。

寡黙な少年は異性を惹きつける何かがあったのだろう。

〝コーちゃん〟と呼ばれるようになり、フーテンの女たちによくモテた。

芸能界もジャニーズもいつしか頭の中から消えかけ、自由と友情が生まれた。

北公次は、「あの頃がフォーリーブスの頃よりもずっと楽しく、おれの人生のうちで一番いい時期だったのかもしれない」と回想した。

北公次には10代のころから死の誘惑に導かれそうになるときが何度もあった。

自殺未遂まで打ち明けている。

そんないい時期だったにもかかわらず、おれはその頃一度自殺を試みている。クスリを飲んでガス栓を緩めて部屋の中にガスを流しこんでいく。死に対する怖さは無かった。目標が何もなくなりかけた男の逃げ場だったのか、幼い頃からかすかに憧れていた死への誘いがここにきて急に芽生えてきたのだった。トシ坊が倒れているおれを見つけてくれて自殺は未遂に終わった。フォーリーブスの時にも自殺しかけて未遂に終わったことがある。おれには死への憧れが常

についてまわっていたのだった。

昭和42年正月明けも間もない1月5日、ようやくジャニー喜多川氏とジャニーズが帰国した。荒れはてた合宿所の寝床のなかで寝起きしていたおれは、突然のジャニーさんの帰宅に驚いた。驚いたのはジャニー喜多川氏も同じだっただろう、いきなりゴミの山のなかからボサボサの髪をしたヒッピーが現れたのだから。

「コーちゃん……? いったいどうしたんだ?」「ジャニーさん!」

久しぶりの再会、〝同棲〟中に渡米したジャニー喜多川氏は、すまなかったといった言葉を述べると両手でおれのからだを抱きしめた。

そしておれが新宿のフーテンに加わって遊びほうけていると知ったジャニーさんは、なんとかしておれを連中から引きはなそうとした。

「だって新宿に行けば店のなかでいろんな音楽が聴けるんだもん。ジャニーさん、だからおれは音楽を聴くために行ってるんだ。悪い遊びなんかしてないよ」

「だったらコーちゃん、一緒に行こう」

そう言うとジャニーさんはおれと新宿に行き、店までついてくる。

そしてジャニー喜多川は北公次のために、部屋に有線を引いて、いつでも音楽が聴けるようにした。

ジャニーズは解散の方向に向かいつつあった。ジャニー喜多川氏は彼らの後継者を育てあげようとしていたが、帰国するといよいよその念を強めたようだった。おれを中心に合宿所に集まっていた有望な若者と共にジャニーズの弟分を作るんだ、といった話をしてくれた。

いよいよデビューできる——。そのために今までおれはジャニーさんにからだまでまかせてきたのだ。アメリカナイズされたジャニー喜多川氏のショー・ビジネス感覚は、今考えても斬新なものがあった。アメリカにいるあいだ彼が書いたフォーリーブス物語というミュージカルを日本で上演する、それがおれたちのデビューとなる。歌って踊れる、ルックスもジャニーさん好みの少年たちをそろえる。再びレッスンが始まった。江木俊夫、おりも政夫、永田英二、そしておれがフォーリーブスとして集められた。

「芸名を考えようよ。そうだねえ、松下公次じゃちょっと硬いから……」

ホモセクシュアルな男たちのあいだでは、結婚ができないためによく養子縁組が行われる。そうすればとりあえず男女の結婚のように名字も一緒になるし、お互い世間の目を気にすることなくひとつ屋根の下に住めるからだ。おれとジャニー喜多川氏はデビュー前ということもあり、養子縁組はできなかったのでせめて彼の名を芸名につけることで二人の〝愛〟を確認しあうことにした。

「喜多川公次にしようか、でも喜多川という字ではまずいから漢字を換えるとか……」

結局、喜多川という名字の一部〝喜多〟をとって喜多公次とすることに決めた。ジャニーさんのおれに対する愛の証しを兼ねた芸名だった。デビュー直前には字を単純にしようということで喜多を北に改めて、おれの芸名は正式に北公次と決まった。ジャニーさんと身も心も一緒になった芸名におれは満足した。もちろんこの間も毎夜おれとジャニーさんは同じ布団のなかで夜を共にしていた――。

北公次、江木俊夫、おりも政夫、永田英二の4人はフォーリーブスという名のグループとして、1967年4月1日に結成された。

初舞台は8月の日劇ウエスタンカーニバルと決まった。

北公次の回想は熱を帯びた。

憧れの存在だったジャニーズが歌と踊りを指導してくれた。

新宿のフーテンたちとも別れ、芸能界デビューをめざしてレッスンに励む日々がやってきたのだ。

1967年8月、第33回日劇ウエスタンカーニバルに初出演。

フォーリーブスは超満員の少女たちの前で無我夢中で歌い踊った。

この時、はじめてグループ名が正式に『フォーリーブス』に決まった。

まだ無名に近かった彼らに黄色い声援は少なかったが、それも飛躍に向けての糧になった。

10月にはまだ小学生だった永田英二に代わって青山孝が参加、この時点で正式のメンバーが決定し、北公次通称コーちゃん、江木俊夫通称トシ坊、おりも政夫通称マー坊、青山孝通称ター坊の4人となった。

永遠の目標にしていたジャニーズが解散したのはその年12月のことだった。

ジャニー喜多川社長はフォーリーブスをジャニーズの後継者として本格的に売り出す作業に取りかかった。

翌1968年9月、CBSソニーから『オリビアの調べ』でフォーリーブスはレコードデビューを果たした。

北公次は恩師、ジャニー喜多川との複雑な関係をこう表現した。

相変わらずジャニーさんとの同棲生活は続いていた。毎晩二人は一緒の布団で寝て愛を確認しあう。ジャニーズのメンバーたちともこんな関係にあったのだろうか、それともトシ坊やマー坊、ター坊たちもおれと同じような愛し方をされているのだろうか。

おれが外で若い女の子と口をきいたりするとジャニーさんはいつも夜嫉妬めいた口調で責めてくる。それと同じようにおれもジャニーさんが他のタレントと親しい口調で話しているのを見てしまうと嫉妬めいた感情が胸に渦巻く。こうやって芸能界でアイドルの道の入り口にまでたどり着けたのもジャニーさんに身も心も愛されてきたからだと固く信じていた少年の素朴な感情と打算だった。

つかみかけていたアイドルの座から引きずり降ろされないために、いやだいやだと思っていても、夜の関係はやめなかった。ジャニーさんにかわいがられなくなったら最後だとあのときの少年は必死に信じていたのだ。

すでに北公次はジャニー喜多川によって、グルーミングが完了していた。

毛繕いという意味から派生したこのグルーミングという用語は、子どもへの性的虐待をおこなおうとする者が、対象者に近づき、親しくなって信頼を得ることをさす。

最近の性加害報道でにわかに注目されるようになった。

平均年齢14歳の若さでデビューしたフォーリーブスは、たちまち少女たちの人気を獲得する。

4人それぞれ個性があり、互いを引き立たせていた。

江木俊夫トシ坊は昭和27年生まれ、以前から子役としてテレビや映画にも出演していたし、舞台度胸は満点だった。青山孝タ一坊は昭和26年生まれ、九州佐賀県生まれで、端正な顔立ち、歌唱力が際立っていた。

おりも政夫マー坊はフォーリーブスのなかで一番若い昭和28年生まれ、デビュー当時はまだ中学生で生粋の江戸っ子、幼いころは劇団わかくさに所属し、TBS『7人の刑事』に犯人の子ども役として出演するなど活躍していた。

そして公ちゃんこと北公次。フォーリーブスのなかで一番年上だったが、メンバーとの釣り合いもあって2歳さばを読んだ。フォーリーブスのリーダーとして北公次は自分をステージで奮い立たせた。

役者志望だった江木俊夫、おりも政夫、歌手志望だった北公次、青山孝という少年たちが合体し、フォーリーブスはチームワークのいいアイドルグループに成長していった。テレビや雑誌で見る彼らは、本当に仲が良さそうだったのだ。

北公次もそれは認めていた。

歌って踊れる愛らしい4人組は、ビジュアル性に富み、テレビ向きであった。

レコードデビュー前から人気番組『プラチナゴールデンショー』(日本テレビ)のレギュラーに抜擢されると、10代少女たちからのファンレターが毎日、大きな袋に詰めて届けられた。

A面『オリビアの調べ』B面『壁のむこうに』が共にヒットして歌謡番組にも相次ぎ出演を果たす。

グループサウンズ・ブームは相変わらずすごかったが、フォーリーブスはGSとは異なる味を出していこうとしていた。これはジャニー喜多川・メリー喜多川の巧みな戦略に負うところが大きい。

ひとりだけが突出した人気を集めるGSのようなやり方ではなく、メンバー各自にファンがつくグループとして売り出した。

メリー・ジャニー姉弟のタレントの売り出し方が正しかったことは、グループサウンズ・ブームが急激に下火になった１９６９年時点でもフォーリーブスが人気を維持し続けていたことからもわかる。

北公次はインタビューでいつも「ミュージカルをやりたいんです」と答えていた。それはジャニー喜多川の方針でもあった。

フォーリーブスという名称は、Four Leavesという文字通り、４枚の葉という意味である。そしてこれは同時に、ジャニー喜多川が脚本を書いたミュージカル『いつかどこかで〜フォーリーブス物語』内のグループ名でもあり、このときには、それぞれ４つに〝別れる・去る〟という意味の〝leave〟である。

二重の意味をかけたところにジャニー喜多川の非凡な才能がある。

１９６７年８月、第33回日劇ウエスタンカーニバルに初出演。

私の記憶だと、このときテレビ中継され、フォーリーブスがピーターパンのような、緑色の衣装を着て天井からブランコに乗って降りてきたシーンがあったような気がする。

北公次が証言する。


―（ジャニー喜多川社長は）単なるブームに便乗した付け焼き刃のグループサウン

ズではなく、基礎のできた歌って踊れる実力派タレントとしておれたちを鍛えあげてきたのだ。そしておれたちはその要望に応え、世間もそれを評価してくれた。

　踊りは得意中の得意で、今までの欲求不満をぶつけるかのようにステージやテレビカメラの前で踊り、跳ねた。おれたち4人の行く仕事場には常にジャニーさんが付き添い、今では芸能界の大実力者となったメリー喜多川さんもあの頃はおれたちの衣装を車に積んで運んだりしてマネージャー役に徹していた。皆がそれぞれ力を合わせ、ひとつの目標に向かい突き進んでいった。ジャニーズが解散して残ったフォーリーブスに皆が賭けていたのだった。

スターを夢見てレッスンに励む北公次とジャニー喜多川の二人三脚の日々は、第一級の青春物語だった。

夜ごとの出来事を抜かせば。

第6章

合宿所、夜ごとの出来事

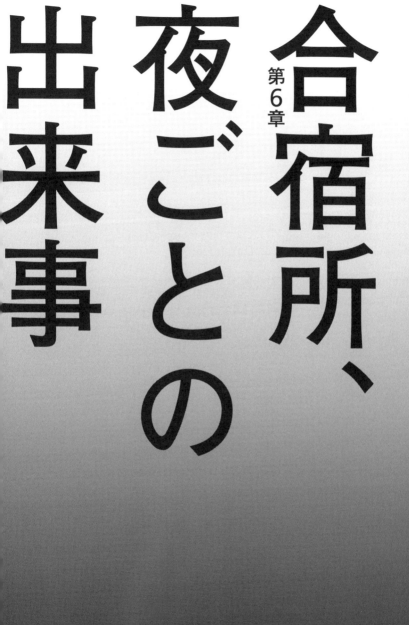

ジャニーズ事務所創業者、ジャニー喜多川社長の性加害問題は、実は古くから一部で報道され、芸能界では知られた話だった。

手に入るもっとも古い資料、『週刊サンケイ』（1965年3月29日号）では、「〝ジャニーズ〟売り出しのかげに」というタイトルで、ジャニー喜多川社長の〝淫らな行為〟を報道している。

ジャニーズの4人はアマチュア時代に新芸能学院で学んでいたが、人気が出るとマネージャー格のジャニー喜多川と共に学院を飛び出して独立した。それに対して学院側が授業料やスタジオ使用料、宿泊費、食費など計270万円を払うようにと訴えた。

ところが裁判では金銭問題よりもジャニーズとジャニー喜多川との同性愛問題が関心の的となった。ジャニーズの4人が学院から出て行った直接の事由はジャニー喜多川の〝いかがわしい行為〟であるというのだ。学院生だったある男子生徒が法廷に立ち、証人としてジャニー喜多川とのある体験を証言、「ジャニー氏が、変なことをしたんです」と発言した。

ジャニー喜多川が反論する。

「ボクがいったいなにをしたというんです。あんまり失礼だ。そんなことをいわれては、ボクとしても覚悟がある」と、すわって話していたのが、顔を蒼白にして突然立ち上がった。「それについては、ほかにいうことはありません」

2年後、『女性自身』（1967年9月25日号）が「ジャニーズをめぐる〝同性愛〟裁判　東京地裁法廷で暴露された4人のプライバシー」というタイトルで裁判を報道した。

法廷でタレントたちは、「覚えていません」と証言をはぐらかした。

事前にジャニー喜多川とタレントが口裏を合わせていたといわれる。

このときはごく一部に噂が広まっただけで、社会的な認知までは至らなかった。

しかし、あるタレントが法廷に立ち、証人としてジャニー喜多川とのある体験を証言したときがあった。

北公次がこんな感想を漏らした。

「それはおれが毎晩経験していることと変わらないような、肩や背中を撫で回したり、もものほうへ手をもってきたりする、といった内容だった。彼はジャニーさんの力で芸能界にのし上がっていこうという気がなかったので拒否できたのだろう。ジャニーズのメンバーとジャニーさんが寝ていた部屋で布団の上げ下ろしをしている時に、毎日のように布団の下からエロ写真や汚れたチリ紙が出てきて気持ちが悪かった、といった発言をあとから聞いても、べつに驚きはしなかった。その頃ジャニーさんはおれに夢中だったのだから——。」

＊

北公次はフォーリーブス時代のこと、とりわけデビュー直後から数年間のことをよく覚えていた。

スターを夢見た少年がやっと望みがかなえられることに、打ち震えた日々だった。

北公次と同棲していたが、他の3人のこともジャニー喜多川は寵愛していた。

彼はテレビ収録の合間、全員の髪をていねいにとかしたり、服装を直したり、きめ細やかな気配りを欠かさなかった。

ジャニー喜多川の趣味にうすうす気づいていたある記者は「かわいい少年たちを心から愛するジャニー喜多川さんが常にかたわらに寄り添っている」と報じた。

フォーリーブスの人気が出ると、田辺市の北公次の実家にもファンが大挙して押し寄せた。

渋谷、新宿、銀座を歩いていると、誰もが振り返った。

アイドルに祭り上げられた北公次は生真面目に仕事をこなしていった。

取材も兼ねてヨーロッパ旅行もした。

テレビでしか見ることのできなかった愛らしい女性アイドルと共演を果たした。

ファンから差し出される色紙に何千回も北公次のサインをした。

『マーガレット』、『少女フレンド』、『明星』、『平凡』といった少女漫画雑誌、芸能雑誌のグラビアにも毎号登場するようになった。着たことも見たこともなかったフリルのついた、アイドルだけに許される派手なシャツをお揃いで着て撮影した。

銀座・和光の時計台の上で撮影したり、清らかな顔で賛美歌を歌ったり、上半身裸のまま4人でスタジオで撮られたり。そんな仕事をする時は、いつも必ずジャニー喜多川がついてきてくれた。

1970年に入ると、フォーリーブス人気は最高潮に達した。

半永久的につづくと思われたGS（グループサウンズ）ブームは消え去った。

フォーリーブスの一人勝ちだった。

ライブ会場はいつも超満員だった。

ミュージカル『少年たち』が全国公演され、上演回数は100回を超えた。北公次たちのエネルギッシュな踊りと歌に酔いしれた少女たちは、合宿所を夜通し取り囲み、付近の壁や電信柱はフォーリーブスへのラブレター用紙となった。

まだ小学生ということで、フォーリーブスのデビュー直前に青山孝と交代した永田英二もソロデビューを飾った。

フォーリーブスの4人は仲もよかったがよく喧嘩もした。殴りあいもあった。だが若いうちから公私にわたり付き合ってきた4人は、喧嘩しても翌日にはお互い忘れてまた笑いあった。

1970年に紅白歌合戦初出場を果たし、以後7回の出場を成し遂げる。北公次の紅白出場が決まると田舎の両親は手放しで喜び、何よりもジャニー喜多川が一番喜んだ。

2度目の海外旅行は憧れのアメリカになった。ディズニーランドやロサンゼルスに行き、ブロードウェーのミュージカルの勉強をした。

黒人の教師について、4人は旅のほとんどをレッスンに費やした。デビューから2、3年もたつと、北公次たちは行く先々でファンからもみくちゃにされた。

フォーリーブスのように歌って踊れる、しかも陽気なアイドルは当時、芸能界にいなかったこともあり、彼ら4人の人気は絶大だった。

ステージで嬌声を一番浴びていたのは青山孝と北公次だった。時代は長髪ブームで、なにかと中高生の長髪がやり玉にあがっていたが、青山孝のきちんとした七三分けの髪形は、優等生的であり、紳士的なイメージだった。

北公次は長い髪で、ファンのあいだでは、「ニヒルなコーちゃん」と呼ばれ、4人のなかでは一番愛想がなかった。

北公次は、そのころの彼はファンの子たちに手を出すことは絶対しなかったと言った。北公次だけではなく他の3人も同じだっただろう。

積極的だったのは熱狂的ファンのほうだった。4人の行く先々までついて行き、あわよくば関係までもとうという〝追っかけ〟という熱狂的ファンが誕生したのはフォーリーブスからではないか。

北公次はジャニー喜多川との性愛に辟易し、異性との情交を望んだ。

北公次は「おれって口下手だったたから、こっちから女を口説こうなんてできなくて、六本木にひとりで飲みに行って、そこで知り会った飲み屋のママさんやホステスと関係したんだ」と打ち明けた。

彼女たちのほとんどが北公次よりも年上で、彼女たちに口説かれたというほうが正しいだろう。

その場で知り合い、気が合うと近くのホテルに入り、ひとときの情事を楽しむ。終わったあとの虚しさは格別で、「またね」と言って別れても、もう二度と会うことはなかった。

恋愛感情はなかった。

彼の周りのアイドルたちも、似たようなもので、マネージャーが性欲処理としてトルコ風呂（現在のソープランド）にタレントを連れていったり、口の堅いファンにホテルで密会させたり、ホステスに相手をさせた。

＊

1973年、北公次に単独でドラマ主演という大役がまわってきた。

この当時、いかに北公次の人気ぶりが凄まじかったかがわかる。

主演を務めたのは、フジテレビ系の青春コメディ『ボクは女学生』というドラマだった。物語はある地方都市の女学校が舞台で、主人公の北公次は清水二郎という活発な高校生役。あだ名は清水次郎長で、両親が飛行機事故で亡くなり、今は祖父が創立した清水病院の院長宅に下宿している。院長の娘アカネは二郎と同じ高校2年生、美人だが気が強くなぜか二郎と喧嘩ばかりしている。ある日突然二郎の高校が経営不振に陥り閉鎖され、アカネのいる女学校に吸収されることになる。女性上位の学園にまぎれこんだ男子生徒は大弱り、かくて珍妙な騒動が展開される……といった内容だった。

番組がはじまって間もなく、〝北公次の相手役募集〟というテロップを流したら、5300人を超える応募があり、番組担当者があらためて北公次人気に衝撃を受けたほどだった。

フジテレビが募集したのは女学生役10名。どんな役で起用されるかも明らかになっていないのに、北公次の相手役ができるとあって、全国から10代女子の応募が殺到した。

応募の多くが、「コーちゃんスキスキ!」「落ちたらサインだけでもいいからちょうだい」といった熱烈なファンからのものであった。

応募者5300人の中から書類審査を通った100人が第1次面接に進み、最終審査を受けたのは18人。惜しくも落選してしまった応募者たちは会場から立ち去る気配も見せず、「このまま帰らない」と言い張り担当者を慌てさせる一幕もあった。

結局11人が選ばれ、北公次と記念撮影をすることになった。

みんな、悲鳴を発して北公次に握手とサインを求めた。

そんななかに、物静かで甘えた口調でたどたどしくしゃべる女子がいた。東京の小岩高校1年生で、握手をすると恥ずかしそうに「大竹しのぶです」と答えた。

北公次によれば、まさかあのおとなしそうな彼女が後に大女優になろうとはこのとき、夢にも思わなかったという。彼女も北公次の大ファンで応募してきたのだ。週刊誌記者に今回の過熱する応募事情について聞かれた北公次はこんな発言をしている。

「たくさん応募してくれて嬉しいけど、ぼく個人としてはあまり芸能界に入るのは勧められないなあ。ぼくの所属しているジャニーズ事務所にも有能な若い子がゴロゴロしているけど、みんな苦しんでいるみたいですよ。ぼくがこんなこと言うのはなんだけど、スターになれるのは何千人か何万人にひとり、ぼく自身かなり運とツキが幸いしていたと思うんだから」

クールだ。変則的なスカウトを、運とツキと割り切っていた。

本格的な演技はこれがはじめてとあって、北公次は体当たりでこの役に取り組んだ。

ロケが多かったので、そのたびにファンが押しかけ悲鳴とサイン攻めに遭った。

ドラマのなかで、北公次の印象に残っていたのは、肌寒い秋空の下、杉並の善福寺公園の池に飛び込む撮影だった。早朝の撮影で、気温はその秋最低、格闘シーンで少しはからだも温まったと思ったが、池に飛び込むと、手足が凍えて痺れてきた。付近の家で用意してもらっていた風呂に飛び込んだら、やけどしそうなくらい熱く感じた。

歌と踊りとはまた異なる、つらく厳しい撮影だったが、北公次は来る仕事はなんでも引き受けた。

田辺市の貧しかった子ども時代を思うと、仕事を選ぶなど、とんでもないことだった。

＊

1972年、新御三家のひとり、郷ひろみがジャニーズ事務所からデビューした。

彼はまず〝フォーリーブスの弟〟というキャッチフレーズで、しばらくのあいだ北公次たちの公演についてまわっていた。フォーリーブス・ファンのあいだで「あのかわいい男の子、誰？」といった話題をつくり、デビューさせる。ジャニーズからフォーリーブスへとバトンタッチさせたときに似た売り出し戦略だった。

この戦略を考えたのは、ジャニー喜多川・メリー喜多川だった。タレントの売り出し方には当時から巧みなものがあった。

郷ひろみがデビューするにあたり、フォーリーブスが彼のうしろでバックダンサーを務めることまでやった。これ以上豪華な売り出し方はない。会場に詰めかけたファンはフォーリーブスに匹敵する歓声を郷ひろみに浴びせるようになった。

君たち女の子　僕たち男の子――

甘いマスクに甘い声、きゃしゃなからだで郷ひろみはジャニーズ事務所らしい少年アイドルとしてデビューを飾った。

『ボクは女学生』の第1回ゲストとして郷ひろみが出演した。

北公次はこの後輩を「ひろみ」と呼んで弟のようにかわいがった。

優男に見えたが、芯の通った男だと北公次は感じた。

郷ひろみも一時期合宿所に住んでいたことがあった。

北公次によれば、当時少年たちが１００人ほどアイドル予備軍として合宿所に寝泊まりしていたが、そこにはすでにデビューした郷ひろみも入っていた。

北公次の回想。

そのひろみが悲しそうな顔で部屋にいるのを何度も見かけたことがあった。

そして母親が毎晩彼を迎えに来て自宅まで連れて帰ることが続いた。ジャニーズ事務所のタレントたちはお互い〝あのこと〟について話したりはしなかったが、ひろみもまた〝あのこと〟で悩んでいるのだろうと思った。

北公次とジャニー喜多川との特殊な関係はもう4年半になろうとしていた。

テレビ局や地方公演で北公次はジャニー喜多川に喧嘩をふっかけ、当たり散らした。

リハーサルで北公次が踊りをミスしたりすると、ジャニー喜多川が「ばかやろうっ！　ちゃんとやれっ！」と大声で叱った。

厳しい師に見えたことだろう。

もっともその後で、廊下などで優しく声をかけてフォローすることを忘れなかった。

様々なアクシデントを乗り越えてきた恋人や夫婦のように。

合宿所は渋谷に移っていたが、毎晩の求愛は依然つづいていた。

ある晩、ファンが大勢集まり帰るそぶりも見せないなか、ジャニー喜多川が部屋にもどってきた。先にベッドのなかで寝ていた北公次に、いつものように迫ってくる。疲れ切って眠っていた北公次は、熱い息を吐きながらからだをまさぐってくる男にたまらず、「やめてくれっ！」と叫んで枕を抱えて階下に逃げ出していった。

パジャマ姿の北公次が階段から駆け降りてくるのを見たファンは、嬌声をあげた。

だが北公次が真っ青な顔で涙を流しているのを見ると、何かあったのかと、嬌声もやんだ。

事務所社長のある趣味に気づいているファンもいたので、パジャマ姿の北公次を目撃して感づいたのだろう。


今まで北公次がかわいがられてきたのもひとえにジャニーさんとの肉体関係があればこそと割り切ってきたおれは、もうこの辺で二人の特殊な関係を断ち切ろうと決心した。もう彼の求めに応じなくても北公次は押しも押されもせぬアイドルになったのだ。恐れることはない、この男たちの愛欲の館と化している合宿所から抜け出そう。


そのころのジャニーズ事務所では、新世代のアイドルたちが育ちつつあった。郷ひろみにつづき、豊川誕、JOHNNYS' ジュニア・スペシャル、リトル・ギャング、永田英二、葵テルヨシ、川﨑麻世。

フォーリーブスは兄貴分として君臨していた。

ジャニーズJr.のひとり、小坂まさるは北公次が大阪のコンサートに訪れた際、テレビに出演していた彼を見て、面白いやつだなあと思って北公次本人がスカウトした。

髪形がおかっぱで、やんちゃな彼はジャニーズ事務所のなかでも人気を集め、北公次は小坂まさるを〝まちゃる〟と呼んで実の弟のようにかわいがった。

「ところが彼もよく〝あのこと〟でおれに愚痴をこぼしにくるんだ。芸能界に誘ったのはおれだったこともあり、申し訳ない思いで胸が苦しくなった」

北公次はそう後悔していた。

無口で人見知りで内向的だった豊川誕もよく「ジャニーさんに迫られる」と言っていた。

北公次は自分だけではなく、自分の後から合宿所に入ってきた少年たちも社長の性愛の対象になっていると気づいた。

男性同性愛者というのは、同性愛志向がある男を好きになる場合と、同性愛志向がなく、異性愛志向の男、いわゆる〝ノンケ〟を好きになる場合がある。

ジャニー喜多川は後者、元気で少年っぽい10代の男の子が大好きだった。

それまでは北公次ひとりだけだったが、合宿所に郷ひろみをはじめ、小坂まさる、豊川誕、川﨑麻世、JOHNNYS’ジュニア・スペシャルといった少年たちが集まりだしたので、北公次ひとりに性愛が向けられることは減っていた。

当然、ノンケの男子たちばかりだから、迫ってくることに耐えきれず、豊川誕のように合宿所を抜け出すだけでなく、ジャニーズ事務所を退所してしまうケースもあった。

金銭問題で郷ひろみがジャニーズ事務所から脱退したのもその裏には〝あのこと〟が大きな要因になっているはずと、北公次は断定していた。

北公次は合宿所で様々な少年たちの兄貴分として身の上話を聞くようになった。浅草ビューホテルの一室で、北公次が私に打ち明けたことのなかには、生々しい証言があった。

合宿所に出入りし、将来ジャニーズ事務所からのデビューを夢見ていた小学3年生の男子が、北公次にこんなことを漏らしていたのだ。

「ねえ、おとなのおとこの人ってみんなあんなことやるの? あのねえ……ジャニーさんがメンソレータムもって部屋にくるの……。みんなあんなことやってるの? ぼくいやだよ、あんなこと……。きもちわるいよ」

北公次は自分以外に被害者がいることに、あらためて複雑な気持ちになったが、誰かに訴えようというところまでは至らなかった。

『光GENJIへ』で洗いざらい打ち明けるまでは。

第7章

急げ！若者

フォーリーブスはアイドルの頂点に上り詰め、揚々たる未来が待っているはずだった。

だが北公次の頭の片隅には、死にたい死にたい、というささやきが居座りつづけた。

北公次は浅草ビューホテルの部屋でショッキングな回想をした。

自殺の衝動にかられ、部屋のガス栓をひねった。ひとり部屋に閉じこもり、死の準備をしようとしていると、異変を感じたマネージャーが激しくドアを叩いた。

「ばかな真似はやめるんだ！」

ドアチェーンがかかっているのでドアは開かない。

「もういいんだ、死なせてくれっ！」

大人の手では隙間から手を伸ばしてチェーンを外すことができない。

北公次によると、このときまだ幼かった藤島ジュリー景子がチェーンを外そうとしたという。

死に取り憑かれた男は、部屋に置いてあったナイフで手を切ろうとさえした。だが血を見るのが嫌いな北公次は何もできずにそのままでいると、屋上からマネージャーが窓を蹴破って救いにきた——。

いつも死にたいと思っていた人間がなかなか死ねず、死など一度も考えたことのないような人間が死んでいく。

北公次の兄の弘が工事現場で事故死した。

京都公演の最中、前日、公演先で悪寒に見舞われたという。

北公次によれば、さほど離れていない和歌山の実家にもどろうとすると、ジャニー喜多川社長が猛烈に反対した。

「ジャニーさんにしてみたら、おれがグループから抜けようとしてるのではと思い込んだみたいだった」

死にたいという破滅願望はあったけれど、フォーリーブスから脱退したいとはまったく思わなかった。

兄は運転していたトラクターもろとも崖下に転落してこの世から去った。

2歳年上の兄と公次は仲がよく、幼いころから何をするのも一緒だった。

兄の死はメリー喜多川から突然聞かされた。

兄の急死を知らせる言葉がうつろに聞こえる。

実家には事故当時の作業着が大切にしまわれていた。

母がクチャクチャになった千円札を息子に手渡した。

「その千円札はおれが上京して、稼いだはじめてのカネで、兄への贈り物だったんだ。兄貴はそれを使わずに大事にしまって御守りのように肌身離さず持ち歩いていた」

弟は棺にしがみつき声をあげて泣きつづけた。

華やかな芸能界にいる弟とは正反対の世界で実直に生きる兄。そんな兄は弟の気持ちをわかってくれる数少ない相談相手だった。

肩を震わせる母は、声を押し殺して耐えていた。

「死にたい死にたいと言ってたおれが生き延びて、真面目にコツコツ生きようとしていた兄貴が問答無用で亡くなった。早すぎる死、これ以上の親不孝はない。なんで死んだんだ？　兄貴、そればっか思ってた」

ＮＨＫの楽屋でギターを弾いていると兄の笑顔が浮かんできて、泣けて仕方がなかった。

メンバーたちは何も言わず北公次を見守った。

「あのときほど、フォーリーブスのメンバーでよかったって思ったときはなかったよ。兄貴は死んだけど、おれには同じくらい血の通いあった仲間がいるんだって、

4人でいられることがこれほどありがたく感じたときはなかった」

数日後、ター坊・青山孝の母が亡くなった。

「NHKの『ひるのプレゼント』の生放送が入ってたけど、ター坊は危篤状態のお母さんが入院している病院からスタジオへ駆けつけたんだ。周りのスタッフは配慮してこれからやろうとするコントをター坊なしで作ろうとしてくれたんだけど、ター坊は涙も見せず堂々とこなしてみせた」

北公次が証言した。

「何年もやってると、たくましくなってくるのよ。大人になるんだよ」

フォーリーブスは映画主演も果たした。

『急げ！若者 TOMORROW NEVER WAITS』というタイトルで東宝が1974年夏に公開し、大ヒットになる。

孤児院育ちのフォーリーブスの4人が、卒業するとそれぞれ仕事をもつ。音楽スタジオ（北公次）、ガソリンスタンド（おりも政夫）、ホテル（青山孝）、ブティック（江木俊夫）。

マー坊・おりも政夫が集金で預かった売上金が盗まれてしまう。その穴埋めに公ちゃん・北公次はヤクザにお金を借りてしまう。借金をかたに公ちゃんはヤクザから吸い上げられる。孤児院の先生と後輩の郷ひろみはフォーリーブスが孤児院時代に歌っていた曲をラジオ番組に売り込もうとする。作戦は成功するが、ヤクザから行方をくらませていた公ちゃんの居場所がばれてしまう。ヤクザとの対決で公ちゃんは刺殺さる。4人でデビューするはずだったが、北公次の穴を施設の後輩・郷ひろみが担うことになった。

歌あり、ダンスあり、アクション、涙、娯楽映画の要素がすべて詰まった大作である。

この映画は、フォーリーブスの次に売り出す大型新人、郷ひろみを大々的にプッシュしていた。

衝撃的だったのが、上半身裸の北公次がヤクザの短刀で脇腹を深々と刺されるシーンだった。

苦悶の表情の北公次は、『薔薇刑』（細江英公撮影・集英社刊・1963年）でモデルを務めた三島由紀夫が半裸で両手を頭の上で縛られ、矢で射られ苦悶と恍惚の表情を浮かべるモノクロの写真を連想させた。

ともに被虐であり、死の誘惑に取り憑かれたかのような陰刻の被写体である。

『急げ！若者』の監督は小谷承靖《つぐのぶ》。東京大学仏文科卒業後、映画会社の東宝に入社、加山雄三の若大将シリーズ、『ゴキブリ刑事』（石原プロ）などで著名である。

本作では、脚本に東宝のベテラン脚本家・田波靖男を起用。若大将シリーズ、クレージーキャッツをはじめ、歌謡曲映画を得意とし、テレビでも『青春とはなんだ』『飛び出せ！青春』（日本テレビ・東宝）などを手がけている。『急げ！若者』も、王道の監督・脚本家によって制作されたわけだ。

だが、違和感もある。

10代少女たちが大多数の客席で、北公次が脇腹を深々とえぐられる、そこまでリアルな惨殺シーンを映す必要があったのか。

このシーンは、私も高校3年の夏休み、月刊『明星』で見た記憶がある。青春アイドル映画にしては不釣り合いな禍々《まがまが》しい殺人シーンだと感じたものだ。

この手の映画にしては凝りすぎとでもいうべき映像であり、東宝映画なのに起用されたのは日活のヤクザ・ポルノ映画を活躍の場にしている悪役、庄司三郎と榎木兵衛のコンビである。坊主頭の庄司三郎が北公次を刺す殺しのシーンでは、東宝系の悪役よりも日活の悪役のほうがより死の迫力が増すからであろうか。

本作品の主人公でもある北公次を殺す、という青春アイドル映画にしては極めて重たいシナリオである。

北公次にとっては、自身の自死願望を満たすのか、当時のインタビューでも刺し殺されるシーンを得々と語っている。

ちなみに本映画の制作はジャニー喜多川である。

ヤクザに深々と短刀でえぐられるシーンは、北公次のイメージを損なうからやめておこう、と言える立場でもあったのだが、あえてこの惨殺シーンを受け入れている。

北公次の希死念慮を考慮していたのだろうか。ジャニー喜多川は攻めのプロデューサーだった。

新曲『急げ！若者』（作詞：千家和也／作曲：都倉俊一／編曲：東海林修）は、今までのフォーリーブスの明るい健康的な曲調とは異なり、冒頭から重厚かつ翳りのある印象を持つ。

作詞者の千家和也には山口百恵の青い性路線とも呼ばれた初期最大のヒット曲『ひと夏の経験』、麻丘めぐみのデビュー曲『芽ばえ』、代表曲『わたしの彼は左きき』など、女性歌手に個性的な詞を提供するイメージがあるが、フォーリーブスの『急げ！若者』は作曲家・都倉俊一の重厚なミュージカル調と共に、映画における北公次を悲劇の青年に仕上げている。

『急げ！若者』は上映当時は青春アイドル映画のひとつとして観られていたが、青春アイドル映画であるのに主役が殺されるという掟破りと、その殺され方、物語全体のドラマ性が評価され、現状DVD化されていないこともあって、邦画系映画館で上映されると必ず満席になる幻の名作になっている。

指揮したジャニー喜多川と主役・北公次の記念碑的作品であり、多くの映画を制作・プロデュースしてきたジャニー喜多川の最高傑作にちがいない。

＊

20代のなかばにさしかかろうという時期、フォーリーブスのメンバーそれぞれに恋の噂がたった。

江木俊夫、トシ坊はテレビドラマ『野菊の墓』で共演した岡崎友紀と噂がたち、盛んに週刊誌に書かれた。おりも政夫、マー坊もゴールデン・ハーフのマリアとの噂が流れたりした。

メンバーたちが自己主張をはじめ、単独の仕事をこなすようになっていった。ファンやマスコミの間では、個々の活動が増えるにつれてフォーリーブス解散説が流布した。

だがリーダーの北公次には、解散する気は毛頭なかった。

合宿所を出た北公次は念願だったひとり暮らしをはじめる。

ほぼ同時期、妹が大学進学のために上京したり、母が北公次のマンションで過ごすことが多くなっていた。

北公次の奇行が目立つようになったのも、このころ、70年代後半だった。

北公次は犬の首輪を首に巻いて、街を歩き始めた。

いくら動物好きとはいえ、奇矯は目立ち、『週刊平凡』が飛びつき、渋谷の街をそぞろ歩く首輪姿の北公次を写真に収めた。

バク転の北公次は、また思索型の男でもあった。

作詞は前からやっていたが、フォーリーブス時代、いくつかの作品で詞を作成した。

もっとも本人の告白によれば、大半の作詞はジャニー喜多川の代作だった。

デビュー曲『オリビアの調べ』（作詞：北公次／作曲：鈴木邦彦／編曲：森岡賢一郎／1968年9月5日発売）には北公次の名前がクレジットされているが、実質はジャニー喜多川の手によるものだった。

すでに2人は夫婦同然だったために、これも愛の証しだったのだろう。

この他にも北公次作詞の『地球はひとつ』『あなたの前に僕がいた』（共に作曲：都倉俊一）、『夏のふれあい』（作曲：筒美京平）、『愛と死』（作曲：鈴木邦彦）などがジャニー喜多川の代作だと打ち明けた。

北公次にも詩心はあるので、いくつかは共作的なものもあるのかもしれない。

「作詞印税は一度ももらったことがなかった」とも打ち明けた。

1975年夏には、はじめての北公次の書籍『256ページの絶叫』（ペップ出版）

を出版した。

サングラス姿の北公次が、荒れた海を背景に立ちすくんでいるモノクロ写真がカバーになっている。いい写真だ。

自殺未遂の話、兄の死、デビュー前のフーテン生活、初体験といった強烈すぎる内容が詰まっていた。

当時のアイドル本ではタブー視されていたセックス、ドラッグ、死が赤裸々に綴られ、評判になった。

ここまでさらけ出せる北公次はすごい、という評価であった。

最大の秘密、事務所社長との〝あのこと〟についてはさすがに絶叫しようとしてもできなかったが。

＊

ジャニー喜多川との男同士の関係から抜け出したくて、夜の街で北公次は一夜限りの割り切った男女関係を結ぶことがあった。

そんな日々のなかで、本気で好きになった女性がいた。

彼女は売り出し中の女優だった。

本の中で北公次はこんなことを述べている。

フォーリーブス全盛期に交際したその女は年齢の割に大人の色気を漂わせるタレントで、仕事で偶然知り会って、二人は恋に落ちた。

大きな瞳で見つめられるとおれは本気でこの子に恋しているんだなと実感できた。初めて心を伴った肉体関係を結べたのもこの女性だった。当時まだ芸能レポーターや写真週刊誌が一般的ではなかったので、二人はファンの目さえ注意していれば逢瀬を重ねることができるいい時代だった。

何度もからだを求めあい、愛を誓いあった二人、だがアイドル北公次にとって、結婚はまだタブーだった。フォーリーブスとしてまだまだやり残していることがたくさんありすぎた。

彼女もまた女優として人気が出はじめ、二人でいる時間も次第に減っていった。自然消滅とでもいうのだろう、若い二人は互いの領域にまで踏み込むこともせずに別れていった。今では結婚して子どもまでいる彼女を時折画面で見かけると、幸せそうな表情をしているのが何よりもうれしい。今おれの置かれている苦況とはうらはらに、満たされた日常を送っている彼女を見ても、嫉妬は浮かんでこない。おれと一緒になっていればきっとあんな幸福そうな顔はしていなかっただろう。

――

人見知りで内向的な北公次が、芸能界で唯一、親しかったのが野口五郎だった。フォーリーブスの3人以外ではじめて真の友人となった。正月に除夜の鐘を聞きながら一晩中話していたこともあった。野口五郎ではなく本名の佐藤靖にもどって付き合ってくれた。

＊

北公次のフォーリーブス時代における収支の内実はどうだったのか。

北公次によれば、一度も給与明細を見たことがなかったという。浪費をしなかった分、大きな買い物として競馬用の競走馬を購入した。公営競馬のサラブレッド3歳馬で、ナポレオンコージと命名した。

フォーリーブスの北公次が馬主になったというので、週刊誌に書かれることとなった。馬主になった芸能人といえば、美空ひばり、森繁久彌、北島三郎、春日八郎といった大物スターぞろいだったので、20代なかばの北公次が馬主になることはニュースだった。

北公次はジャニー喜多川に何度もねだって競走馬を買ってもらった。

事務所側は北公次が馬主になることを快く思っていなかったようだ。

アイドルと競馬という関係が事務所のイメージとは異なったのか。

「馬主になれるほどの高い給料を彼に支払っているわけではないし、あの若さで馬主になってタレントイメージが壊れても困るし……」

雑誌インタビューで事務所側はそう答えていた。

後に北公次本人が、自分はろくな給料をもらっていなかった、と強い不満を漏らすようになった。

大きな買い物といえば、もうひとつ、故郷田辺市の土地を購入した。競走馬と土地を手にいれた北公次は億のカネを貯めているにちがいない、貯金魔と呼ばれていたが、「自分の手で直接貯金などしたためしがなかった。すべてジャニーズ事務所が管理してくれてると信じきっていた」と証言した。

タレントと事務所側との経済的配分の問題は、永遠の課題である。

タレント側は、収入の多くを事務所が取っていくので自分の取り分が少なすぎる、と思っているし、事務所側は、せっかく先行投資で経費をかけて売り出したのに、売れたらよそに移ってしまうのでは、会社はやっていけない、と思っている。

北公次によれば、フォーリーブス時代は薄給だったという。

電車の切符もマネージャーが買ってくれたので、自分でどうやって目的地までの代金を支払うのかわからなかった。20代後半になるころ、次のステージを考えざるを得なくなった。

「解散なんか絶対しません」

メンバーたちは事あるごとに言いつづけてきた。だが若さを大前提にするアイドルグループにとって、年齢を考えるといつまでもアイドルのまま歌って踊ることには無理がきていた。

時はうつろい、人も変わる。ファンも年を重ね、多くは結婚して主婦になる。新しく誕生するアイドルに関心が移っていく場合もある。

コンサート会場の動員力も次第に落ちていった。ジャニーズ事務所からは相次いで別のアイドルが誕生していく。

事務所一の若手だったフォーリーブスも、一番年上になっていた。

ジャニー喜多川社長の〝男の好み〟はあくまでも〝個性の強い10代の少年〟であり、20代もなかばになると徐々に距離ができていく。

北公次は、事務所内にフォーリーブスにはもう抜けてもらってもいい、という空気が生じているのを感じはじめた。

初代ジャニーズと同じ運命をフォーリーブスもたどろうとしていた。

いつか北公次に「フォーリーブスと一緒に死んでやる」と誓ったジャニー喜多川の言葉を信じてきたが、熱は明らかに冷めていた。

青山孝が元ミス・ユニバース日本代表の女性と結婚することになった。

当時は独身であることがアイドルの絶対条件だったが、自分の気持ちを優先させたのだろう。

北公次はそれを是とした。そしてフォーリーブスを車にたとえて語った。

「ビッグヒットがなくなって、紅白にも落ちて、おれたち4人の目標も微妙にちがってきたんだ。それはグループだからしょうがないことでもあるし。グループでやっていると互いに甘えが出てくるし、自分のやりたいことも仲間のことを考えるとついブレーキを踏んでしまう。フォーリーブスは車にたとえるなら性能のいい四輪車だったんだよ、4つのタイヤがきちんと役目を果たしてたから光り輝いていた。4人が助けあい励ましあい芸能界でトップアイドルの座を維持し続けてきたんだよ」

メンバーは20代後半に差し掛かっていた。それは70年代後半当時の、男の平均初婚年齢である。一番年長の北公次は30歳に手が届く位置にきていた。

4人で一人前みたいな見方しかしてもらえないことにも不満はあった。

4人のなかに芽生えた独立心、それが微妙に4つのタイヤのバランスを狂わせる。

すると車は以前のようには走らなくなってきた。

＊

フォーリーブス解散については、1978年5月6日に内部で意思を確認しあった。

7月26日から全国ツアーが予定されていたが、急遽それが解散記念コンサートツアーになった。

8月31日、新宿の東京厚生年金会館のステージにて解散した。

4人同様にファンも年齢を重ね、他のアイドルのファンより年長の20代が多くなっていた、彼女たちを中心に会場はどこも満員になった。

最終日の東京厚生年金会館コンサートでは、ステージも客席も涙に濡れた。

ステージ上から北公次がファンに向けて最後の挨拶をした。

「自分を見つめ直すために旅に出ます。また会える日を楽しみに」

北公次はジャニーズ事務所に残るだろうと関係者のあいだで言われていたが、本人はジャニーズ事務所に残るつもりはなかった。ソロでやっていくからには他でやるべきだと思っていた。

ジャニーズ事務所の所属タレントにとって、メリー喜多川・ジャニー喜多川姉弟は、親のようなものである。

事務所を離れる際に、北公次は2人の恩人に今までのお礼を言おうとした。懐かしさと緊張が入り交じる。

このときのことを北公次は鮮明に覚えていた。

「お世話になったメリーさんの前に出ると、おれは何も言えなくなってしまったんだよ。ほんとに。15年近くもの長いあいだ世話を焼いてもらったメリーさんにお礼の言葉を言うつもりだったのに、口下手のおれは感情が高ぶってしまって思うように言葉が口から出てこないんだ。やっと『メリーさん……長いあいだ……お世話になり……』ってところまできて、『ませんでした』って言っちゃったんだ」

まるで吉本新喜劇の舞台コントのようだ。

人間、極度に緊張すると、思考回路がショートして言い間違いをしてしまう。心とはまったく逆の言葉が出てしまったのだ。

北公次は、滑舌もわるく、寡黙だった。そんななかでの言い間違いである。

「聞いていたメリーさんは呆気にとられていたっけ」

ジャニー喜多川にもっとも寵愛されてきた北公次は、このまま残るだろうと思われたが、独立することが知れ渡ると業界がざわついた。

著書『光GENJIへ』のなかに、こんな記述がある。

のちにこの言い間違い事件を友人に告白すると、

「それはフロイトも言ってたように潜在意識にメリー喜多川やジャニー喜多川に対する今までの不満があったから、そう言っちゃったんだよ。無意識の作為ってやつさ」

と、分析されたことがある。だがよく考えてもあの時は、最後だったので心からお礼を言うつもりでいたのだったが。

このなかで出てくる〝友人〟とは、聞き手の私である。

事務所から抜けることとは、ジャニー喜多川との縁が切れることも意味した。

フォーリーブス解散直前、ジャニー喜多川社長が重要証言をしている。

ジャニーズと渡米して帰国したジャニー喜多川は、ひとり取り残されていた北公次が荒れ果てた部屋でゴミに埋もれて暮らしていたのを目撃する。

「あわれなコーちゃんを見殺しにはできず、すぐあとの3人を呼び集めた。特訓をして、私がアメリカで書いて来た『フォーリーブス物語』というミュージカルに出演させたのが、フォーリーブスデビューだった」(「特別告白　フォーリーブス秘められた〝喝采〟と〝失意〟の青春12年間!!　アイドル・メーカー、ジャニー喜多川氏が明かす偶像の裏表」『週刊明星』1978年6月18日号)

フォーリーブス結成の初動は北公次をスターにするため、という事情がジャニー喜多川本人の口から語られていた。

フォーリーブスのセックス管理はどうしていたのか、と記者から問われるとジャニー喜多川社長が答える。

「年頃になって性的欲望があるのは、正常な若者なら当然でしょう。芸能活動とセックスは別のものと私は考えているが、やはり不純な男女交際には反対なんです。それが結婚にむすびつかなくても、青春の美しい思い出になるつき合いであってほしい。スターは夢を売る職業なのだから、ファンから〝恋人〟のように思われ、自分はピエロにならなくちゃいけない場合もあるんですよ」(同前)

自身の夜ごとのセックス管理は当然ながら語られていない。

「ただ私は責任上、自分を管理していました。いまだに独身なので、ジャニーは少しおかしいんじゃないかといわれるくらいに……。ひとがどう見ようと、私は馬鹿になり切っていたんですよ」（同前）

周辺ではジャニー喜多川社長の行き過ぎた小児性愛（ペドフィリア）と噂されていたが、ここではなかったことになっている。

この後、姉のメリー喜多川副社長が弟について証言している。

「私たちの母親は、ジャニーを生んですぐ死んだから、彼は顔も覚えていないんです。そのため彼は人一倍、愛情を大切にするのね。人を愛し、人から親切にされることが一番の喜びなんです。これが彼の価値観で、尽くせば相手も必ずこたえてくれると信じてるの。結婚しろなんていってもだめ。ホモなんかじゃなくて、あの人は手塩にかけてタレントを育てるのが生きがいなのよ」（同前）

弟の秘めた行為は不問に付している。

このときジャニー喜多川46歳。

姉と弟、2人そろって同性愛説を否定して、タレント思いの経営者、という美談に仕立てている。

少年たちへの性虐待は隠蔽されたまま深く静かに進行していった。

＊

解散コンサートの全国ツアーをやっていたとき、北公次はあきらかに異様だった。上半身裸でハンドマイクのコードをもって、あたりかまわず狂ったかのように振り回した。

ファンの間でも、コーちゃんは自殺するのでは、と心配の声があがった。

黒い噂はフォーリーブス解散間際にもすでに流れていた。

ドラッグは他人にも勧めて大人数でやろうとしがちだが、覚醒剤は個人でやる場合が多く、部屋にこもりがちになる。

一緒にやる場合は、ほとんどが異性とであり、性行為がついてまわる。

男性タレントが逮捕される際に、たいてい女性も逮捕されるのはそういうことだ。

北公次は毎日帰宅すると部屋に閉じこもり、白い粉末を溶かし小型注射器で腕に打った。手を出したのは１９７５年、フォーリーブス解散3年前、人気が下降線をたどってきた頃だった。

北公次のファンというホステスから打たされたのがきっかけだった。

新宿の暴力団構成員から毎週覚醒剤を買うようになった。

小遣いをメリー喜多川副社長にねだると、彼女が部下に支払わせる。そのカネを購入にあてた。1回2、3万を毎日ねだった。

北公次がそのカネをいったい何に使うのか、たいして不審には思わなかったのだろうか。

酒と違い、覚醒剤は打っても、表面的にはさほど変化があらわれず、その名称通り、覚醒してむしろ冷静に見えたりする。奇矯に及ぶのは、だいぶ心身が汚染されてからだ。

内向的な北公次は、ひとり部屋でギターをつまびいたり詩を綴ったりするのが好きだった。他人がいなければ、白い結晶を手にする機会が増えていく。打てば自信がついたかのような気分になり、充実感がみなぎる。食欲が抑えられるので、痩せていく。

シラフにもどると、反動から不安感、自信喪失、強迫観念が押し寄せ、口が渇き、常に唇をなめつづける――。だが打った時の充実感を味わいたいために、また手を出してしまう。

「フォーリーブス解散までの3年間は、毎日打っていたよ」

北公次はドラッグ乱用時代の秘めた体験を、私に向けて語った。

「ファンの子たちがマンションの下にいるので、四谷のビジネスホテルに部屋を取って、そこで打つこともよくあった。覚醒剤に使ったカネは1500万円になったはずだよ。おれがやってることは、周りの人間には悟られていないと思ってたけど、もしかしたらうすうす気づいている人もいたかもしれない」

北公次と他の3人との間に徐々に溝ができていた。

首に犬の首輪を巻いたのも、珍しくバク転に失敗して大怪我を負ったときも、覚醒剤の影響だった。

フォーリーブス解散後、長いスランプが暗い穴を開けて待ち受けていた。

第8章 懲役10か月 執行猶予3年

北公次の覚醒剤事件の発端は、ある夫婦の離婚裁判からだった。

長野県のある町に住む夫が妻の不貞行為に対し、東京家庭裁判所に離婚請求の訴状を提出した。訴状には昭和51年11月から歌手フォーリーブスのメンバーである北公次と懇意になり、その頃からホテル「蘭」でたびたび密会をして肉体関係を結び今日に至るもその関係を継続している、といった内容が記されていた。

アイドル歌手と人妻の不倫というだけでも十分スキャンダラスなのに、さらにその人妻が昭和51年8月頃から本格的に覚醒剤を用いたり、これを第三者に売却するようになったので、夫がこれを中止するように強く制したが耳を貸さないばかりか、フォーリーブスの北公次にもこれを勧めて常用者にさせ、同年11月頃から北公次と肉体関係を結ぶに至り常用しているホテル「蘭」の他、都内の数箇所のラブホテルでたびたび北公次との密会をいまだに継続している、といった内容が裁判過程で暴露された。

友人の紹介で北公次のファンであるという彼女と出会い、いつの間にか2人が覚醒剤を用いていたことは事実だった。

覚醒剤を打ち興ずるセックスは通常のそれの何倍もの快感を得られるとされる。覚醒剤の害悪が喧伝されているのに、ホステスやさらには一般の家庭の主婦にまで覚醒剤が広まっている事実は、実はこうした快楽が存在するからだ。

ジャニーズ事務所のタレント管理は徹底しており、ファンの女の子に手をつけないようにと、特にジャニー喜多川社長から強く言われていた。

その言いつけを守り、北公次は絶対ファンには手を出さなかった。一度でも手を出せば、「あの人に抱かれたの」と鬼の首をとったかのように吹聴されて、たちまちのうちにファンの間に知れ渡るのがおちだ。実際に当時、人気アイドル歌手がファンの子に手を出し、後援会のあいだで噂になったケースもしばしばあった。

女性に対する禁欲的な教えを守ってきた北公次だったが、すでにフォーリーブス解散直後、肉体と精神は覚醒剤でボロボロになっていた。

「もう何度やめようと思ったことか、だけど、やめようと決意しても翌日にはヤクザが来て元のもくあみだった。骨までシャブる恐ろしいクスリっていうけど、おれも身も心もシャブ漬けにされていた。芸能界ではもうとうにおれのシャブ中は噂されていたから」

フォーリーブス解散後、身元を引き受けることになるプロダクションは、北公次とのタレント契約を渋り始めたが、彼を大いに買っていたあるマネージャーが全面的に面倒を見ることになった。

他の社員の反対にもかかわらず、マネージャーは自分の1DKに北公次を住まわせ、キックボクシングに通わせ、発声を基礎からやらせ、プロダクションの新年会に同伴させて社員全員に紹介までしてくれた。

だがその間も北公次は覚醒剤に取り憑かれていた。

「公次、おまえまさか覚醒剤やってるんじゃないだろうな」

「やってませんよ、僕を信じてください」

そう言う彼の目はすでに据わっていた。クスリが切れると再び部屋にこもり、打つ。クスリが効いている間だけが自分に自信がもてる、切れるとたちまち情緒不安定となり、また針を刺す。

アメリカへ飛び立ったのも覚醒剤からの離別が大きな理由だった。だが日本へ帰ると、再デビューの重圧と不安が襲いかかり、相談相手のいない北公次はお決まりのドラッグへ逃避していった。

渡米する前に、意を決して自分自身で目黒の麻薬取締官事務所まで赴き、自首さえもした。

「正直に申し上げます。僕は3年前からずっと覚醒剤をやってきたんです」

実際の証拠が無いためか、担当官は教え諭すような優しさに満ちた顔で、「きみはこれから活躍する身だろう。今までの過去はきっぱり清算してしっかりやりなさい。力強く生きていくんだ」と励ましてくれたのだった。生まれ変わって一からやり直そう。新しい北公次をファンの前に見せてやるんだ。

ソロになった北公次のもとに記者が次々とやってくる。

今までは自分以外に3人の仲間がいたが、解散してからはインタビューも撮影も、すべて自分が仕切ってやっていかなければならない。必然的に以前よりもよく話すようになり、人嫌いの部分も改善されたように見えた。

ところが和解したはずの人妻との不倫騒動がまたくすぶりだした。

突然、相手の夫から弁護士を通じて慰謝料250万円の請求が届いた。

覚醒剤常用の上にこのトラブルで、北公次の精神状態は嵐の海の小舟のようになった。覚醒剤常用者は被害妄想に陥る。

ひとりになり、性懲りもなくまた針を突き刺す。

弱い男だと自嘲しながらドラッグがからだにまわるのをじっと待つ。

徐々に効いてくると先ほどまでの焦燥感が嘘のように消えて、体内に自信がみなぎる。

しばらくすれば効き目も切れて、やる前よりもひどい落ち込みに襲われる。

だがわかっていても、抜け出せない。

部屋のドアが激しくノックされた。

スタッフだった。歌の打ち合わせだったが、出席するのを忘れていた。

「風邪で熱が出て……。鼻血も出てきたから、寝てるんだよ」

ロレツが回らないまま、口からでまかせの言い訳をする。心配したスタッフが事務所に北公次を連れていった。すでにスタッフたちは覚醒剤使用を察知していた。

元アイドルは視線が定まらず、指先が震えっぱなしだった。

「やってるんだな……。そんなことで、おまえ、これから芸能界でやっていけると本気で思っているのか！」

「やってないと言ったらやってないんだ！」

事務所スタッフが北公次を詰問する。

「おまえ前に一度、麻薬取締官に自首したことがあったな。その時は懇懇と諭してもらったが、今度もう一度取締官の人に会っておまえを見てもらうぞ。もし本当におまえがシャブをやってたんじゃ、もう再デビューなんて話じゃなくなるんだぞ、わかっているのか」

「ええ、行きましょう、やってないんだから、ぼくはいつでも平気ですよ」

そう言いながら、元アイドルはロレツのまわらない言葉で虚しく弁解した。

心の奥底では、もう限界だと叫んでいた。

ドラッグ常用者は、クスリを乱用しながら、「やめたい」という矛盾した感情を抱えている。死ぬまで乱用していたい、と思う乱用者はほとんどいない。なぜなら命が惜しいから。死んでしまったら乱用すらできなくなるから。

北公次が麻薬取締官事務所まで赴き、自首さえもしたように、ドラッグの常用者は時には自ら逮捕されるために出向くことも珍しくない。俳優・高知東生が宿泊先のホテルに警察が入ってきたとき、「ありがとうございます」と礼を述べたのも、乱用をやめられない自身を外部の力で中断させてくれると、感謝したからだろう。深夜、渋谷署に自ら出頭し、ドラッグ使用を告白して逮捕を望んだセクシー系タレントがいたが、彼女もそのくちだろう。

北公次の回想と当時の報道から、逮捕時を再現する。

自分で止められなくなった北公次は事務所スタッフに告白した。

「ほ……ほんとのこと言います……。実は……やってました。何度もやめようと思ったんです。だけど……駄目なんです。ぼくは弱い人間なんです。もう、駄目です……」

事務所の相談役は麻薬取締官事務所に電話を入れた。

もう限界と悟ったのだろう。

事務所に取締官がやってきた。

「すみません、やってました」

「北君、きみが更正してレコードを出すというんで取締官事務所でも楽しみにしてきたんだよ。あの時きみはきっぱりと覚醒剤から手を切ると言ったね」

元アイドルは「すみません……。やってました」と再度謝ると、ゆっくりと右足のロンドンブーツの中からのど飴のヴイックスの空き箱を取り出した。その中には覚醒剤を打つ時に使用する小型注射器と紙に包んだ覚醒剤粉末0・2グラムが入っていた。

すべてが終わった。

取締官の事情聴取を20分ほど受けた後、涙で濡れたまま取締官に連行されていった。

以前、自首しに行ったが証拠品がなかったために逮捕に至らなかったことから学習し、今回はブーツの中に注射器と覚醒剤を隠し持っておき取締官の前で出して見せた。証拠を目の前で見せれば間違いなく逮捕されると思ったからだった。

逮捕されると裸にされてからだじゅう調べられ、手錠姿で麻薬取締官事務所と碑文谷署とを行き来する。

ステージで歓声を浴びてきた元アイドルがはじめて味わう、最低の屈辱。

アイドルにとって表向きは、女と麻薬はもっとも無縁の存在である。ところが北公次の逮捕によって一挙に粉飾されたアイドルのイメージが崩壊していったのだ。マスコミがエキサイトするのも無理はなかった。

「元フォーリーブスの北公次、覚醒剤常用で逮捕！」

芸能週刊誌、テレビワイドショー、スポーツ紙、記者とカメラマンが殺気立って詰めよった。

目黒にある麻薬取締官事務所の両開きのドアが開かれ、手錠姿の元アイドルがうつむきながら出てくる。稲妻のようにたかれるフラッシュ、記者の罵声のような質問。

レポーターから何度もマイクを向けられても終始無言のまま逃げるように護送車の中に消えていく。

「両腕に注射の痕があるのが歴然としてますね。かなり憔悴しているようだが……」

当時は、規制もゆるく、麻薬取締官が代わって取材に応じた。

関東信越地区麻薬取締官事務所に逮捕されたのが4月12日、取り調べの後、5月2日に起訴、訴状による容疑内容は「4月12日、マンションの自室で覚醒剤0・15グラムを腕に注射した。またその残り0・205グラムを所持していた」という覚醒剤取締法違反容疑であった。

碑文谷署では本名の松下公次でもなく世間一般に知られている芸名の北公次でもなく、ただの〝2番〟と呼称されていた。〝2番〟と呼ばれるたびに、自分のとった愚かな行為を悔いた。

留置所は2人部屋だった。3畳もない狭い部屋に、罪を犯した男が2人、寝起きする。21歳の窃盗容疑の若者が一緒だった。

逮捕の気疲れでろくに口もきかなかったが、そのうちに「外に出られたらなんとかがんばりたいよね」、「もう二度とこんな所には来たくないよな」と打ち解けてきた。

フォーリーブスの歌を2人で歌った。

1979年5月21日午後4時半――。

葛飾区小菅の東京拘置所に移管された北公次は、4日ぶりに保釈された。

＊

「これからですか……。今は風呂に入ってさっぱりしたいです。それからです、今後のことは」

記者の質問にそう答えると待ち受けていた車に乗り込み、知人が確保しておいてくれた千鳥ヶ淵のホテルに落ち着いた。部屋に入ると真っ先に風呂に飛び込んだ。手足を思いっきり伸ばして入る湯ぶね。留置所では1週間に1回、それも15分間しか入浴は許されない。狭い房内に比べ、ここは思う存分からだを伸ばすことができる。あらためて自由の身になれたことを実感した。ルームサービスで、房内では食べることのできなかったハンバーグライスにコンビネーションサラダを注文して胃におさめる。


保釈された北公次の姿である。

最後の〈ハンバーグライスにコンビネーションサラダを注文して胃におさめる〉という記述は、私の好きな大藪春彦調にしてみた。

北公次は生まれ故郷の田辺市に帰郷した。

人間つらくなると、なぜか故郷が恋しくなる。

保釈金150万円は新聞配達をやりはじめた父親が、ほうぼうから借金してやっとの思いで調達してきてくれた。

ジャニーズ事務所をやめてからはほとんど収入も無く、在籍中給与明細さえ見たとのなかった北公次の手元からは、フォーリーブスの10年間で稼いだはずのカネはどこかへ消えてしまっていた。

覚醒剤を買うためにメリー喜多川副社長に毎日のように2万3万のカネを無心して、積もり積もって1500万円にまでなってしまった。

北公次は、自分はあれだけ働いてきて、人気もあったのに、得たものが少なすぎた、という不満をずっと持っていた。

給与明細を一度も見たことがなかった北公次は、億単位のカネを残したと信じ込んでいた。

北公次への取材で印象に残っているのは、自ら、「芸能界ではケチといえば千昌夫と北公次」と語っていたことだった。倹約家で財産を残した、という意味だろう。

だが内実は持ち合わせの現金がゼロだった。馬も土地も手放していた。実家も楽な暮らしをしていたわけではない。

老いた父が新聞配達までして払った保釈金と、いまだに借家住まいという現実。

北公次は近所の鮮魚店の紹介で地元の水産会社に就職した。初任給9万円からのスタートだった。

漁船が港に入港してくる日は朝4時から働く。魚の入った重い箱を抱え運ぶ。女の歓声と飛び交うテープはここには無かった。きつい力仕事のために地元の青年ですら長続きしない職場だった。

「あの北公次が故郷の水産会社に就職！」

東京のマスコミが相次いで取材にやってきた。魚で溢れた箱を運ぶ姿に容赦無くフラッシュがたかれる。

元芸能人ということで職場の若者から奇異の目で見られることはほとんど無かった。

魚がぎゅうぎゅうに詰まった30キロの木箱を毎日運ぶと、1週間でからだじゅうの骨が音を立てるような苦痛に見舞われた。元フォーリーブスの北公次という特別扱いは誰もしない。松下公次にもどり、働く毎日。休息時間に仲間が冷えた缶コーヒーを投げてくれた。

毎朝4時に起きて箱を積み降ろし、飯を食い実家に帰り寝るだけの単調だが健康的な毎日。クスリの禁断症状も無い。たとえ目の前にそれがあったとしても絶対に手を出さない自信が芽生えてきた。働きながらこれからどうするか考えてみたが、世間知らずで生きてきた自分には芸能界以外に生きていける世界は無いとあらためて思った。芸能界の負け犬にはなりたくなかった。もう一度北公次というひとりの男として挑戦してみたかった。

＊

6月11日東京地裁309号法廷で覚醒剤取締法違反事件の初公判が開かれ、即日判決を言い渡された。

判決は懲役10か月、執行猶予3年。

裁判官が判決理由を読み上げていく。

「被告、松下公次は（昭和）50年秋ごろから覚醒剤を使うようになり、ホステスで通称まきこなる人物に教えられ、その後もたびたび打ってもらうようになる。その直後――」

セクシー系女優と出会い、彼女から覚醒剤をもらうようになった、と事実関係が公開される。

いたたまれない時間だった。

「被告は長期間にわたって覚醒剤を使用しており、刑事責任は軽くないが、今回は自分から通報する形で逮捕されており、二度と使用しないと誓っている。将来のことを考え、執行猶予にした――今日の気持ちを最後まで忘れないように」

北公次はジャニーズ事務所はもちろん、これからともに仕事をするはずだったプロダクションとの絆も切れて、文字通り芸能界の孤児となってしまった。

ある日知人から電話がかかってきた。

用件は、面識のある役者、沢竜二のもとで一からやり直さないか、というものだった。沢竜二本人も「うちでやらないか」と誘ってくれた。

役者としてもう一度芸能界でやり直してみよう。

給与は10万円程度だったが、芸能界復帰の足掛かりをつかんだ。

水産会社をやめて、沢竜二主宰劇団「竜の会」に入団するため、田辺の町を後にして再度東京へと飛び立っていった。

初舞台は11月の池袋シアターグリーンでの公演『沢竜二の花道・その5』で、北公次は『一本刀土俵入り』に出演、ヤクザの三下役になり、仁義を切って殴られるという役で、セリフもほとんど無いに等しかった。

沢竜二公演に北公次が出演しているという報道が流れ、北公次の熱心なファンが公演先に来て場違いな歓声をあげることもあった。

ファンのために沢竜二の許しを得て、生ギターを弾きながら自作の歌を歌った。そっと涙をぬぐうファンの姿を見ると、この世界にもどってきてよかったと心の底から思えた。

舞台では、ミヤコ蝶々の息子役という大変な役ももらった。

少しずつ前に進み出した。

ところが1年後、劇団の内紛がもとで沢竜二が退団を余儀なくされたため、北公次も劇団を離れることとなった。

ひとりになった北公次はツキから見離されたようだった。

ロック・バンドもつくってみた。北公次を含めて5人編成、〝クレヤー〟というバンド名だった。オリジナル曲も4曲作った。『生きる』『TOMORROW』『ジョアンナ』『ただひたすら』——。

毎週日曜の夜、新宿西口にあるパブレストランでライブをおこなった。フォーリーブス時代から北公次のファンだという女性たちが静かに見にきてくれた。

サスペンスドラマでは殺人犯役まで引き受け、アイドルからの脱皮をはかった。

フォーリーブスが解散した直後、ハワイ、ワイキキ・ビーチで日本航空の国際線客室乗務員と出会った。

以後、解散して不安な北公次を励ましてくれたり、覚醒剤で逮捕されて故郷で謹慎生活を送っている時も、「いつまで沈んでいるの、がんばるのよ」といつもと変わらない優しさで東京からよく電話をくれた。そんな彼女にいつの日からか恋愛感情を抱くようになった。

大森の東京湾に程近い彼女のマンションに居候のような形で住むようになった。

男との〝同棲〟は長年してきたが、女性との同棲はこれがはじめてだった。

芸能人というイメージからは意外なくらい遊びを知らずに過ごしてきたおれに、彼女は驚いていた。おれは30代のなかばにさしかかろうとしている。同じテーブルで彼女と箸を動かしていると、結婚という言葉が頭をよぎった。満足な仕事の無いおれは、客室乗務員の彼女にたかっているヒモのような男だ。そんな最低の男でも家庭を作れるだろうか——。働きたかった。歌手、役者、おれにはこの道しかない、人を魅了するステージを作りあげていく才能は十分にあるはずだ、役者としてもフォーリーブスの頃から何度も出て自信はあった。

映画『悪魔の手毬唄』、テレビドラマ『人間の証明』（テレビ朝日系）をはじめ、サスペンスドラマでは殺人犯役までこなして、単なるアイドルが歌の合間に引き受けた仕事のような安易な演技はしてこなかったつもりだ。

役者っていいなあと密かに抱いていた憧れが、こういう逆境になるとますます強くなってくる。ハングリーさがいい役者を作っていくならば、今のおれほどハングリーな男はいない。暗い輝きを放つ希代の役者として、もう一度何かを演じてみたい。まっ白に燃え尽きるまでぶち当たってみたい。このままで終わる北公次じゃない、新しく生まれ変わった北公次をもう一度ファンのみんなに知ってもらうんだ！　このままで終わる北公次じゃない。このままで終わっ

――てしまう北公次じゃないんだ！

＊

客室乗務員と結婚した北公次だったが、相変わらず仕事は無かった。

北公次と長い時間、一緒にいて様々なエピソードを聞き出したなかでも、私がもっとも印象深く感じたのが無職のときのつらい話だった。

北公次が原宿のとあるパブで気心知れた連中と飲んだとき、参加者が予想より少なくなったために会費が5千円から7千円に上がり、北公次は有り金がすべて消えてしまった。原宿から女房の待つ大森の部屋まで13キロを夜通し歩いて帰った。

原宿から大森まで歩いて帰るうちに酔いは醒め、出勤で駅に向かう会社員の列に逆らいながら北公次は心のなかで何かを叫びつづけていた。

国際線客室乗務員の女房はフライトで家を空けることが多かった。

夫婦のあいだには赤ん坊が生まれ、無職の夫が主に面倒をみるようになった。

子どもの養育費が増えた分、夫の生活費や遊興費が削られていく。

映画もテレビも雑誌もライブも縁が無くなり、北公次は芸能界からとっくに引退したものだと世間では思われていた。

パチンコに出掛けるだけの毎日。カネが無くなるとそれすらもできない。小遣いを女房にこれ以上ねだるわけにはいかなくなった。

本業の芸能活動でまったく仕事が無くなったのだから、もう仕事を選んでいる場合ではなかった。

バスに乗っていると目の前の広告が目に入ってきた。

〝洋服発送アルバイト要員急募　年齢不問　午前8時から午後5時まで　日給5千円以上〟

大森にあるその洋服問屋に申し込みに行った。中年の面接担当官は、アルバイト応募者が北公次ということにまったく気がついていなかった。

大きな倉庫が仕事場だった。

倉庫じゅうに吊るされた婦人服紳士服を降ろし、車に積み込む仕事だった。

北公次の他に男性社員が5人、パートタイマーの若い主婦が3人、そこで働いていた。「よろしくお願いします、松下といいます」。発送作業は田辺の水産会社に比べれば楽だった。単調な作業だったが、久しぶりに毎日働けることが何よりもありがたかった。

数日、働いていると、短い髪の30歳くらいのパートの主婦がおずおずと尋ねてきた。

「あの……松下さんって昔、芸能界で何かやっていませんでした？」

「ええ、ちょっと」

曖昧な返事をして、その場から消えた。

出入りする業者が、アルバイトの松下公次は昔アイドルグループだったフォーリーブスの北公次らしいということを話したようだ。

だが気をきかせてくれたのか、昔の元アイドルなど関心がなかったのか、その後、誰も北公次の話をしてこなかった。

それは気楽でもあったがまた寂しい気がした。

「食っていくのに屈辱など感じている暇はなかった。もし屈辱感があったらそれこそなんのアルバイトもやれなかっただろう、そして自から命を断ち切っていただろう」

北公次はそう回想した。

3か月間の契約だった洋服発送のアルバイトも終わり、また無職となった。

昼間からパチンコ店に入り浸る毎日になった。

固く禁じていたドラッグにまた手を出してしまった。

ドラッグといっても違法麻薬ではなく、文字通りのドラッグ（薬）だった。

覚醒剤はぜんん息治療薬開発の過程で偶然生まれた化学物質だった。

薬局で売られている液体咳止め薬の中には覚醒剤と似た成分が含まれているために、中高生が一気飲みしてハイになり、社会問題になっていた。

日本中を沸かせた元アイドルもまた、中高生と同じように液体咳止め薬を一気飲みしてハイになった。

飲みやすいように甘ったるくしてあるので、毎日数本飲んでいると、見る間に太った。

運動不足も加わり、バク転が得意だった元アイドルは昔の姿を思い出せないほど太ってしまった。

＊

クスリで意識がもうろうとしていると、1本の電話が入った。

聞き慣れない男の声だった。

「あのお……、金子という者ですが、電話で失礼ですが、近いうちにお会いしたいと思いまして……。あの、今度、というか、おれ、一応役者やってんですが、今度映画撮ることになりましてね、おれが一応その主演なんですが、脚本もおれ書いているんですよ」

「はあ……」

「それでですね……おれ、北公次さんの前からのファンで、よかったらその……おれの書いた脚本読んでもらえませんか。それでもしよかったら出演お願いできませんか。おれ、ヤクザの役で出演するんですが、ヒロシっていう男の役があるんです、副主演。これね、あの北公次のイメージで書いたんです、っていうか北公次さんにやってもらいたくって」

まだ自分を覚えていてくれる人がいた。

「うん、どんな役でもいいですよ、出させてください、ギャラが安い？　いいですよ、えっ、僕のスケジュール？　ここのところ入っていたのがあったけどいいですよ、金子さんの優先しますよ」

電話の向こうで安堵のため息が聞こえた。

「そうですかあ、ありがとう」

「あの、映画でしょ、題名なんていうんですか？」

「あっ、失礼、タイトルは『竜二』っていうんです。主人公のヤクザの名前からつけたんですけどね。あっ、僕、金子です、金子正次です」

最初、聞いたとき、北公次は『仁義なき戦い』のように拳銃を撃ち合うアクション映画だと思い込んでいた。

ところがこれはヤクザがヤクザの世界から足を洗う経緯が中心となる物語だとい

う。ごく平凡な市民生活を懸命に夫婦で営もうというストーリーだった。

普通のヤクザ映画とはまったく逆の設定で、ヤクザのホームドラマのようなものかと、北公次は少し落胆した。

「面白いと思いませんか」

金子正次が尋ねる。

「うん……」

話を聞いているうちに、映画の主人公竜二の生き方に親近感を抱くようになっていった。

逮捕されてからなんとか食っていこうとあくせくしてきた北公次自身に似てはいないだろうか。

竜二のかつての弟分ヒロシ役が北公次に与えられた役柄で、金子正次が北公次のイメージで書いたものだという。

「だから絶対北さんにやってもらいたいんですよ」

金子正次は熱心に口説くのだった。

出演することにした。

主演・脚本を金子正次、監督は若手の川島透。

予算がギリギリのために、資金が足りずに撮影が中断することもあった。スタッフや役者たちのあいだにストレスが溜まってくる。だが金子正次は黙々と竜二を演じつづける。そして北公次も。

大東京の繁華街を、北公次と金子正次がチンピラまるだしで歩いて行く。

本物のヤクザに間違えられて通行人に避けられたり、本物から「どこの組だ？」とからまれそうになったこともあった。

制作費が足りず、撮影が中断する。カネの工面がついてようやく撮影再開。

監督の川島透もこれが彼の第一回監督作品ということもあり張り切っていた。竜二役の金子正次もだいぶ役がはまってきた。妻役の永島暎子、弟分の佐藤金造も皆、役にはまっていた。出演者みんながそれぞれの持ち場を支え、ひとつの目標に向かって進んでいく。

これだ、これだったんだ、おれが生きていこうとした舞台は。

北公次はやっと自分の居場所が見つかった気がした。カチンコの音、助監督の叫び声、小道具大道具の行き交う音、夜の酒盛り。

怠惰な毎日を送ってきたのが嘘のような規則正しい生活、打ち込めるものがあることの幸せ、充実した時間がそこにあった。

映画は大ヒットした。金子正次は一躍スターになった。北公次も好演、と久しぶりにスポットが当たった。

金子正次は、次に北公次を主役にした脚本を書く、と約束した。

１９８３年11月6日、金子正次が胃癌で亡くなった。33歳という若さだった。

撮影期間中にすでに限界を迎えていたのだった。

金子正次の死は突然だった。

33歳の若すぎる死に、北公次は愕然とした。

「また一緒にやろう」

正次と約束して、再び共演するはずだった。

「役者として友人としてライバルとして、これからも奴と付き合っていこうとしていたからね。また自分はひとりきりになってしまったと思ったよ。正次と一緒にやる作品のタイトルまで決まっていたんだから。『盆踊り』っていうんだ」

北公次は無念そうに回想した。

金子正次の葬式——。

誰もが正次の早すぎる別れを惜しんでいた。誰からも好感を持たれる男だっただけによけい悔しさが募る。

受付で北公次は記帳の番を待った。稼ぎがないために黒いスーツは借り物だった。

何気なく受付を見ると香典は皆、１万円以上出しているように見えた。

「おれも１万円出したかったんだよ。ポケットのどこを探しても５千円を出すのが精いっぱいだった。カネがねえなあ……正次、ごめんよ、やっぱりおれってカネに縁のない男だよなあ」

友人の葬儀に5千円の香典は、けっして少ない額ではないだろう。

友人思いの北公次だったが、私はその一方で彼の見栄を感じた。

北公次は好演したが、映画に一度出演した程度では食っていけなかった。覚醒剤のダーティーイメージがまだ根強く残り、仕事の依頼は数えるほどしか来なかった。

年を経るにつれて『竜二』の評価はさらに高まり、ビデオ化されてからレンタル店に出回るようになると、ますます人気は高まった。80年代邦画の人気投票では上位に入る。

なかでも若い世代にとっては、北公次という名はフォーリーブスのメンバーというよりも『竜二』の弟分ヒロシ役として認知されていた。

『竜二』のファンは本物のヤクザにも多くいた。北公次が居酒屋で飲んでいると若いヤクザ2人が「ひょっとして、竜二さんの弟分でしたよねえ。おれ、あの映画大好きでもう20回以上観てるっすよ。お近づきに一杯、ヒロシさん」と寄ってくるのだった。

北公次に声をかけて、引き上げてくれる人間が空に旅立った。

つくづく北公次はツイていない。いい作品に出ても収入が増えるとは限らない。

逆に役柄に枠がはめられて仕事の幅が狭くなってしまう場合もある。

暇な時間ができると、北公次はまたクスリに手を出した。風邪をひいているわけでもないのに薬局に行く回数がまた増えていった。クスリとパチンコに狂う毎日に舞いもどってしまった。

子どももあきれて父親に何も話しかけてこようとしない。女房もため息まじりに夫を非難する。

今度こそは今度こそは、と思いながら40歳手前まで来てしまった。

「こんなお父ちゃんでごめんよ……。ごめんよ……」

子どもの前で泣いた。泣いてどうなるわけでもないのだが。

田辺にもどった時も嫌なことがあった。帰省すると毎晩のように行くスナックがあった。

何日目だったか、ドアを開けるとマスターが露骨に嫌な顔をする。

「なんだ、また来たのかよ。もう来ないでくれないか」

ドラッグがらみの事件当事者だったことが尾を引き、北公次が出入りを断られることは、東京の顔見知りの店でも何度かあった。

故郷でも同じ屈辱を味わうはめになったのはさすがにショックだったが、離婚はそれ以上にこたえた。

仕事もせずに咳止め薬を一気飲みする夫に愛想をつかし、女房から離婚を突きつけられた。さすがに抵抗する意思はなかった。

フォーリーブス解散から10年目の１９８８年、六本木で久しぶりに４人が再会した。

場所は中華料理店だった。４人が顔を揃えたのは10年ぶりのことだった。

昔話ばかりが出てくる。

「懐かしいね――」

４人の口から同じ言葉が漏れた。解散してからそれぞれが世の中の辛酸をなめてきて、アイドル時代の妙な軽さと明るさは消え、大人になっていた。

おりも政夫を除いて３人は結婚していた。元アイドルたちは家庭をもつ一家の主人になっていたのだ。解散10周年記念のイベントにも声がかからず、伝説のアイドルグループはなかば忘れ去られた格好になっていた。

＊

母も亡くなり、病気がちな父の面倒をみようと、北公次は田辺にもどった。

何をすることもなく、せいぜいスナックの手伝いや土木作業員のアルバイトをしながら食いつないだ。

そんなある日。

田辺の実家でくすぶっていると、見知らぬ青年が訪ねてきた。

「北公次さんのお宅ですか。ああ、そうですよね」

大きい目と分厚い唇、筋骨隆々としたからだが印象的な若者だ。

「いやあ北さん、捜しましたよー。あのぼく東京のダイヤモンド映像の山本という者ですけど、ぜひ村西監督がお会いしたいというんでやって来たんです」

世間からすでに忘れられていた北公次の実家にまで来たこの男は、北に東京まで足を運んでくれないかと言うのだ。

北公次は何が起こったのかまったく理解できずにいた。

山本は、村西とおるの名前を出して北公次を東京に招こうとしていた。

「その人がなんでおれに会いたいの」

「説明するといろいろ長くなるんですけどね、今、村西監督はジャニーズ事務所と戦っているんですよ。北公次さん、フォーリーブスの頃ジャニーズ事務所にいたでしょ」

「ああ……。いたけど」

「以前、村西監督が撮った作品のなかで主演の女優が『田原俊彦と寝たことがある』ってしゃべっちゃったんですよ。マスコミがそれを取り上げたもんだから、あそこのメリー喜多川が怒っちゃって、小学館まで乗り込んできて、村西監督と大喧嘩になっちゃったんですよ」

「はあ……。それとぼくとどういう関係があるんです」

「メリー喜多川が田原俊彦のファンクラブの子たちを連れてきたり、娘のジュリーが一緒に来たりして大騒ぎだったんですよ。村西監督ってバカにされるとすごいハッスルしてファイトしちゃう人なんですよ。それで会社に〝ジャニーズ事務所マル秘情報探偵局〟っていう名前で電話を引いたんですよ。それが一部のマスコミに載ったら、あちこちからジャニーズ事務所のタレントに関する情報が寄せられてきたんですよ。もちろん抗議電話もありましたけどね」

初対面の元アイドルにどれだけ伝わるかわからないが、山本は懸命に訴えた。

和歌山県の隣の三重県が出身地というだけで、山本は北公次を探す密命を与えられたのだった。

自分の名前はまだそんな神通力を持っていたのだろうか、と北公次は半信半疑で聞いていた。

その青年の話によると、村西とおるが、これを機会に北公次の復活をバックアップしたいと言っているらしい。

そろそろ東京へもどり、仕事先を考えなくてはと思っていた北公次に、山本青年は東京までの交通費として5万円を預けた。

数日後、北公次は村西とおるの指示するホテルニューオータニに向かった。

何かがはじまろうとしていた。

第9章

41歳のバク転

「公ちゃんですね。お待ちしておりました。村西とおるです」

バンダナを巻いた北公次は腰かけるとサングラスを外した。

1988年7月28日午前9時。

北公次と私たちの最初の接触だった。

村西とおるは自身が撮った作品に登場した梶原恭子という新人が、田原俊彦との一夜を告白し、それを作品に取り上げたところ、『11PM』と『週刊ポスト』が報道。これに対しメリー喜多川副社長が直々に抗議をぶつけ、番組担当ディレクター2名が飛ばされ、小学館まで乗り込んできた。その結果、村西とおると梶原恭子にとって屈辱的な訂正記事が掲載されるに至ったといういきさつを北公次に興奮気味に伝えた。

村西とおるが関わる主要メディアを狙い撃ちにした、メリー喜多川副社長の行動だった。

北公次は自身とは正反対に物事をまくしたてる男に最初は不安を感じた。

ところがよく話を聞いていると、この男は本気でジャニーズ事務所とやりあうつもりでいるらしい。これだけ知名度のある男なら、いまさら売名行為のために敵対する必要もあるまい。

相手に有無を言わせぬ迫力がある男だった。東京に帰っても何もすることのない北公次は、村西とおる監督のアドバイスを素直に受けることにした。

北公次はアダルトビデオの男優にでも誘われるのかと思っていたが、村西とおるのあけっぴろげな性格を信じてみることにしたのだ。

私は浅草ビューホテルの一室で北公次と向き合い、半生を聞き出す作業に没頭した。

元アイドルはすべてを語り尽くしたかに思えたが、あのこと、ジャニー喜多川との関係についてはなかなか真相を語らなかった。

4日目になって村西とおるから真剣に説得されたことがきっかけで、ついに封印していたあの関係をさらけ出した。

当初は抽象的な表現ばかりだったが、私が具体的な話を求めると、本人も吹っ切れたのか、写実的に語り出した。

男同士のプレイ内容を赤裸々に語ったのも、当時としては極めて珍しいことだった。

書き手としてためらいもあった。
たとえば——

たまにおれの肛門に挿入することもあったが、あまりの痛さにおれは悲鳴をあげて拒絶した。だからいわゆるアナルセックスはそれほどしていない。


「それほどしていない」という記述は、元アイドルに対する私なりの忖度だった。

「ジャニーさんがメンソレータムもって部屋にくるの……」という小学3年生の発言を北公次は聞いている。

北公次自身もスキンクリームを使用したプレイをおこなっていた。

後に、性加害を受けた元ジャニーズ事務所タレントが、ジャニー喜多川社長から、このクリーム買ってきて、とたびたび頼まれたのが、青いラベルが貼られたノグゼマだったという証言がある。

メンソレータムもノグゼマも共にアメリカ発のスキンクリームであり、ジャニー喜多川が進駐軍関係の仕事をしていたことから、なじみ深いものになったのだろう。

北公次の告白を聞き出し、カセットテープから文字を書き起こし、データ原稿にする。

重労働だが、元アイドルの全告白は良質の長編小説を読んだような重さと感動を私に与えた。

小説でも映画でも演劇でも漫画でも、もっとも大切なのはオリジナリティである。その時その場所でその体験をしているのは、全世界においてその人しかいない。ゆえに、人間の半生こそ、最高のオリジナル作品である。

小説や映画に駄作はあっても、人間の半生に駄作はひとつもない。

最高のオリジナルなのだから。

北公次が封印してきた過去を洗いざらい語った内容を書き下ろし本として世に出せば、当然事務所社長との同性愛関係に関心が集中するだろう。

私にとっては、ジャニー喜多川と北公次の若く無名の貧しいころから夢を見つづけた一編の青春ストーリーでもあった。

タイトル案は難航したが、版元のデータハウス鵜野義嗣代表が『光GENJIへ』という書名を提案してきた。

当時、人気絶頂だった光GENJIに向け事務所の先輩が警告を発するという体裁だ。

＊

1988年9月28日、よく晴れた水曜日。

データハウスの鵜野義嗣編集長と出版プロデューサー、そして私は早朝、東京駅を出発して午後3時に和歌山県田辺市に到着した。

中上健次の『枯木灘』の舞台近くの地が北公次の生まれ故郷である。

東京に比べると空が高く青い。

クロコダイル山本も、ひとりでこの地に降り立ったのか。よくぞ実家を初日で探り当てたものだ。

私が持参したのは2週間かけて書き上げた『光GENJIへ』のゲラ（校正刷り）だった。

猛烈な速度で書き上げた一編である。

広場に立っていたら向こうから自転車に乗った中年の男がやってきた。

髪を短くした北公次だった。

格子柄のジャケットの下に白いTシャツを着てレイバンのサングラスをTシャツの首元にぶら下げている。

挨拶を交わし近くの喫茶店に入り、北公次にゲラと出版契約書を渡した。

果たして中身を読み、北公次はどう思うか。

自分の赤裸々な体験をあらためて活字で読み、やはりやめておこうと言い出すのではないか。

原稿をチェックした北公次はどこにも注文をつけなかった。

ジャニー喜多川との〝夫婦生活〟も、肉体関係の描写も、メリー喜多川にまつわる話も、北公次はまったく注文をつけなかった。

安堵とともに、本に仕上げた充実感で、私はしばらく感慨にふけった。

「公ちゃん、今度いつ東京に来るの？」

私が尋ねた。

「もうすぐ行くよ。監督が部屋の手配までしてくれてるし」

「マジシャンの修業するわけ？」

「やれるとこまでやってみるよ」

私たちは敬語抜きの、古くからつきあう友人といった感覚になっていた。

「単行本用に写真を撮りましょう」

鶉野編集長が声をかけた。

買い物帰りの主婦やカバンを提げた女子高校生たちが広場を行き交っている。

柵に腰かけた元アイドルは澄み切った青空を見上げた。

シャッター音が秋空に流れる。

どこまでも澄んだ青だ。

魂の告白をした男の目には、故郷はどんな色に映っていたのだろうか。

＊

「書店からの注文に間に合わないんですよ。こんなに出足がいいとは思いませんでした」

高田馬場の仕事場にデータハウスの鵜野編集長から電話が入った。

北公次の半生記『光ＧＥＮＪＩへ』は、11月末に発売されると猛烈な勢いで売れはじめた。

ジャニーズ事務所に配慮してすべての地上波テレビ、ほとんどの週刊誌は北公次の突然の出現を無視しているが、それでも本は売れつづけている。

昭和天皇の健康問題で自粛ムードが漂う暮れになっても、『光ＧＥＮＪＩへ』の売れ行きは伸びるばかりだ。

フォーリーブスを解散してから不運つづきだった元アイドルにも運が向いてきた。

「さあ、みんなで公ちゃんの練習の成果を拝見しましょう！　ね、公ちゃん。ナイスな手品見せてくださいね」

村西監督のかけ声で2階の応接室にサンドバッグ軍団が集まってきた。

村西とおるは北公次再生計画の第一段として、北公次マジシャン計画をくわだて、田辺から再度上京した元アイドルは手品の猛特訓をはじめた。

プロのマジシャンが使うマジックの道具を一千万円以上のカネを出して買い与えた。

なかでも高額だったのは人体浮遊の手品用マシーンで、数百万円を投入して購入した。

北公次はマジックの特訓成果を披露することになった。

黒いモーニングスーツの北公次がステッキを持ち、さっそうと登場した。みんなの前で立ち止まり頭を下げていよいよ覚えたてのマジックがはじまる。

まずは2本の黒い棒を左右の手で持ちながら、横に揺らすとステッキは空間に浮かび揺れつづける。

手品でよく見かけるネタだが、目の前で目撃するとなかなか迫力がある。

サンドバッグ軍団キャップ、日比野正明が生真面目な顔で拍手するとつられて残りのスタッフたちも拍手した。

頬を上気させた公ちゃんがステッキを手に持ちこすりあげると、花が飛び出した。

再び拍手。

袖からピンポン球が次々と飛び出す。

出たと思ったらまた次のピンポン球が出てくる。

「ファーンタスティック！」

村西とおるが絶叫した。

つられてサンドバッグ軍団たちが猛烈な拍手を送る。まるで北朝鮮の政治局拡大会議で金日成の演説に高速の拍手を送る幹部たちのようだ。

「公ちゃん、いいねえ。すばらしい！　特訓の成果ですよ。やっぱりマジシャンだよ、ナイスです！　ナイスすぎるよ！」

北公次がかしこまって、「みなさん、次は何が出るでしょう」とあおった。

クライマックスだ。

いったい何が飛び出すのか、予測不可能のマジックである。

新人マジシャンは両手を前にかざした。

日比野正明もターザン八木もクロコダイルも拍手の準備をしている。

すると北公次の袖から、妙な物体がじゅうたんにぽとんと落ちた。

ぬいぐるみの鳩だ。

名菓、鳩サブレーのような形をした鳩だ。

愛らしい顔の鳩がじゅうたんに静止している。

ターザン八木と日比野正明が噴き出してしまい、つられて私も笑ってしまった。

北公次は呆然と立ったままだった。

「公ちゃん！　練習用の鳩、どうしたの？　出せないのか？」

村西監督が嘆いた。

ぬいぐるみの鳩は哀しげに宙を見つめている。

「今日はここまでだな。いいよ、ナイスでした。一歩前進だ。次は本物の鳩、出してくださいね」

「はい」

「鳩部長！　生きた鳩はちゃんと面倒みてるのか？」

鳩部長と呼ばれた青年が「はい」と答えた。

ダイヤモンド映像に入社したての元自衛隊員が手品用の鳩を飼育するはめになり、その痩せた元自衛隊員もまたどこか鳩に似た哀愁漂わせる男だったので、さっそく鳩部長と呼ばれるようになった。

「鳩が元気か、ちょっと見てみましょう」

村西とおるの提案で全員が屋上にあがり、鉄製の檻で飼育されている鳩を見た。

手品の鳩は人間の衣服の下に仕込むので、小型鳩が用いられる。

檻に入っている30羽以上の鳩たちもまた寺院の境内などで見かける鳩よりも二回

り近く小さい。

「あの程度のマジックなら他のマジシャンでもやってるでしょ。やっぱり袖から鳩が飛び出すくらいのマジックはマスターしてないとね。そうだよな、八木」

「そうですね」

「鳩にちゃんと餌やってるのか。鳩部長」

「はい。やってます」

ＡＶメーカーに入社したつもりが、まさか鳩の飼育担当になるとは本人は夢にも思わなかっただろう。

鉄製の檻と手品用の鳩を購入して飼育するためだけでも数百万円単位のカネが消えた。

「こうなったらもうジャニーズ戦争なんかより、公ちゃんを復活させるほうが大事だよ。これも乗りかかった船だ」

村西とおるが豪語した。

檻にいる鳩たちは青葉台の空を見ながら、飛び立ちたがっているようだった。

＊

２か月後、ダイヤモンド映像社屋２階の奥にあるキッチン兼制作室で村西とおるは渋い顔をしていた。

「だめだな、あいつは」

「どうしたんですか」

「どうしたもこうしたもないよ。公ちゃん。せっかくこっちが応援してるっていうのに、決められた練習時間には遅れるし、腕も上達しないし、マジシャンになるんだって情熱がまるでないんですよ。こっちが怒れば『おれはもう出ていく』、こうですからね。だめだ、あいつは。まだ歌手に未練があるんだね。マジシャンしか残された道はないよってさんざん言ってるのに、わからないんですよ。衣装係を頼んだあの元親衛隊の女もカネ持ったままどっか消えちゃうし。もう公ちゃんは行く場所がないよ」

　いつか村西監督のもとから離反する気がしていたが、予想よりもはるかに早かったようだ。

　私も書き下ろしのときには毎日、会っていたが、ここのところ北公次には会っていなかった。

　やはりミュージシャンの道を進もうとしているのか。

　すると、動きがあった。

『光ＧＥＮＪＩへ』を発行しているデータハウスの代表、鵜野義嗣が本の売上の一部を北公次の復帰コンサートに充てると言いだしたのだ。

「儲かったんですから、それくらいしないと」

鵜野編集長は北公次の歌をサポートするために滋賀県や三重県に住む手練れのミュージシャンに声をかけ、バンドを組んだ。

リードギター中野重夫は名古屋のジミヘンと呼ばれ、天才的なテクニックで北公次を盛り立てた。バンドの楽曲を作曲する季田佳丸という人物がバンドのマネージメントをしていた。

北公次は新しいバンド、スカーフェイスのメンバーたちと共に目黒にある小さなスタジオでデビューに向けてリハーサルを開始した。

地下階段を下りて分厚いドアを開くと、大音響が鼓膜を震わせる。

元アイドルはバンドが刻むリズムに合わせてかすれた声を出していた。

曲が終わると、バンダナを巻いた北公次と再会を祝し、握手した。

まだ縁があったと思うと、うれしかった。

「監督、元気？」

汗を拭きながら公ちゃんが尋ねてきた。

「あの人はいつも元気だよ」

「来月1月25日に渋谷のエッグマンではじめてライブするんだけどさ、村西さん来てくれるかな」

「言っておくよ」

「監督にはわるいことしたと思ってるんだ。でもマジシャンっていうのはおれはできないよ。だってさ、たった3か月でお客の前でマジックしろって言ったってさ、そりゃプロのマジシャンに対して失礼だよ」

「確かにそうだよなあ」

私たちはつい笑ってしまった。

「でもあの人には感謝してるよ。フォーリーブスを解散してからいろんなやつが言い寄ってきたよ。甘い言葉でおれに役者や歌手の話を持ってくるんだけど、どれもいいかげんな話ばかりなんだ。口は出すけどいざとなったらカネは出さない。ほんと、偉そうなこと言ってるやつに限って、いざとなると出さない。おれから取れないかと思ってるやつらもいたよ。村西監督はその点、言うことも言うけどカネもちゃんと払う人だったよ」

北公次は復活ライブのためのリハーサルをやりはじめ、私はスタジオから外に出た。

階段を上がっていくとオリジナル曲のバラードが分厚いドアから漏れてきた。

いい曲だった。

＊

年が明けると天皇が崩御し、昭和が静かに幕を閉じた。

元フォーリーブスのリーダーだった北公次の復帰ライブは、いよいよ明日に迫った。

解散後、この男をめぐり、様々な出来事が襲いかかり、一時は再起も絶望視された。

破滅型の男として挫折を繰り返しながら、それでも彼を盛り立てようとする人物が現れ、応援した。

劇団主宰者・沢竜二、映画『竜二』の金子正次、バンド・スカーフェイスのメンバー、関係者たちに、『光GENJIへ』の版元データハウス鵜野義嗣代表、そして村西とおる。他にもまだいるだろう。

なぜかみんな、北公次をなんとかしようと手をさしのべる。

ダイヤモンド映像のキッチン兼制作室では、年末も正月休みもなく、日比野正明やターザン八木、クロコダイル山本がせわしなく動いていた。

入社したばかりの藤原という天然パーマの若者が料理した豚肉のしょうが焼きと大盛りサラダがテーブルの上にのり、仕事を中断したスタッフたちが集まりいっせいに食事をしだした。

Netflix版『全裸監督』で、村西とおるを演じた山田孝之や、日比野正明がモデルとされる三田村青年を演じた柄本時生、ターザン八木がモデルとされるラグビー後藤を演じた後藤剛範が、円形テーブルをかこみ、会社で食事をとるシーンを彷彿とさせる。

取材に訪れていた『週刊現代』や『週刊宝石』の記者が村西監督から「食べていきなさい」と強引に誘われて椅子に座り、手料理を頬張る。

食事が済んだ日比野が編集室に入り発売前の作品の編集をやりだすと、テープの回転音とともに女のあえぎ声が流れてきた。

「監督、明日、公ちゃんのはじめてのライブがあるんですよ。行くでしょう」

どんぶりをかき込んだ村西とおるは「ライブっていっても歌えるのかよ」と言った。

「いまさらロック歌手になるって言ってもだめなんですよ。無理なんですよ。過去の栄光なんてもうないんだから。言ってるでしょ。マジシャンになるしかないって。公ちゃんはレッスン積んでたら間違いなく世界的マジシャンになってましたよ」

「とにかく明日は見に行きましょうよ」

1989年1月25日、渋谷公園通りを上がりきったところにあるライブハウス・

渋谷エッグマンに開演を待つ人々が並びはじめていた。

フォーリーブス時代の北公次を見たことのない10代の少女もいれば、往年の彼を知る30代、40代の男女もいる。女と男の比率は半々だった。

北公次の記念すべき復活祭を映像に残しておこうと、サンドバッグ軍団の日比野、八木、山本、それに専属監督兼カメラマンの沢城昭彦をはじめとした面々がビデオカメラと照明機材を持ち込み、撮影に取りかかった。

人件費も撮影代も無料、乗りかかった船、北公次へのバックアップである。

午後5時半、開場と同時に席はすべて埋まり、6時の開演直前には立ち見の客で溢れかえった。

受付では鵜野編集長が北公次の本を並べて即売会を開いている。

ライブがはじまる直前に、バンドのメンバーがそろっている楽屋に顔を出してみた。

「公ちゃん」

「来てくれたんだ。ありがとう」

握手を求めてくる公ちゃんは、一升瓶を持ち酔っていた。

「酒飲んでて大丈夫なの？」

「おれ、あがり性だから飲まないとステージに立てないんだよ」

北公次はかたわらにいた小さな男の子を抱いて、「別れた女房が子ども連れて来てくれたんだ」と酒臭い息を吐きながら言った。

北公次はこの後、別れた女房とよりをもどし、再婚する。

北公次が膝の上に子どもをのせて頬ずりしたら、男の子は照れくさそうにした。

人で埋まった薄暗い客席にもどると、サンドバッグ軍団が撮影準備を終えてスタンバイしていた。

村西とおるは姿を見せない。意地でも来ないつもりなのだろう。

リードギターの中野重夫と仲間たちが狭いステージに現れてチューニングをしだした。よろい兜を着たベースの長身の男が腹に響く音を刻んでいく。

客席の期待が頂点に達したとき、上手から黒いスーツにサングラス姿の男が登場した。

北公次だった。

オープニングの曲がはじまる。

フォーリーブス時代の若い声ではなく、つぶれかかった呪い節とでも言おうか。

聴き慣れたロック歌手やポップス歌手の歌い方とも違う。どん底を生きてきた中年男だけが熟成できる凄みのある声質だった。

イライラするのさ　ベイビー
うるさくからんだTV
リズムに乗れないロッカー
I need somebody to love

「ソドムの市」　作詞：望月美花　作曲：季田佳丸　編曲：季田佳丸
from Koji Kita&Scar face's "Flower"(1989)
Producer:Yamanouchi Juntaro　Director:Kida Yoshimaru

マジックの特訓をしていたときの人物とは異なる、ライトに映し出された北公次は、まさしくスターだった。

フォーリーブスに浴びせられた少女たちの悲鳴は聞こえないが、北公次の本を読み集まってきたであろう人々の無言の声援が感じられた。

ステージで北公次が、ジャニー喜多川を殺す、と物騒な絶叫を放った。

後からこのときのライブを会場で観たと私に直接教えてくれたなかには、作家・評論家の中森明夫、おたく評論家・宅八郎がいた。たのきんトリオの野村義男も会場にいたといわれている。

4曲目にさしかかるころだった。混み合う客席の後方でスーツを着た村西とおるが花束を持った女性を連れて客席に姿を現した。同伴している女性は村西監督作品に出演したことのある青木琴美だった。

ブラウンの巻き髪に白い肌を濃いめのルージュで彩った元ロマンポルノのアイドルは、ライブハウスの会場で浮いていた。

汗で濡れ光る北公次が村西監督を発見すると客席に向かって「ちょっと紹介したい人がいるんです」と告げた。

「僕を応援してきてくれた村西とおる監督です」

荒い息を吐きながら紹介すると、客席から拍手が湧いた。

営業スマイルを浮かべた村西とおるが狭いステージに上った。

マイクを手に持つとあの調子でにこやかに語り出した。

「お待たせしました。お待たせしすぎたかもしれません。村西とおるでございます。児童福祉法違反で謹慎期間中のわたくしでございますが、公ちゃんの復帰コンサートということでやってまいりました。まあなんて言うんでしょうか。すばらしいステージですね。わたくしもビデオの中で駅弁ファックなどをお見せしてるのですが、公ちゃんのステージもそれ以上の迫力がございます。フォーリーブス時代には見れなかったアダルトなロックシンガーになって、これからもがんばっていくことでございましょう。ジャニーズ事務所に反旗を翻し戦う男、公ちゃん、ナイスですね。応援してますよ」

笑いが場内に湧き、村西監督はステージから下りていった。

「監督。どうもありがとうございます」

北公次が頭を下げた。

再び曲がはじまった。

ステージには機材と音響装置が幅をとり、派手に動けるスペースはなかった。

中野重夫のギターにかき消されそうになりながら、北公次がかすれ声で歌う。

間奏に入った。

ライトに照射された元アイドルはサングラスを投げ捨てた。

笑っている。

後方の宙に舞った。

フォーリーブスのころ、何度も見せたあのバク転だ。

来週には41歳になろうとする中年男が見せたバク転は、アイドル時代のものと変わらず豹のように鮮やかだった。

一連の曲が終わって、アンコールの嵐が鳴り止まない。

ステージの脇でクロコダイル山本が泣いていた。

梶原恭子ではじまったトシちゃん騒動は様々な方向に跳ね返りながら、ひとりの男の運命を変えようとしていた。
間奏になり、北公次の独白が流れだした。

あのころのおれは何もかも持っていたはずだった。
でも本当はいつだって飢えていたんだ。
そしてきみに愛のかけらさえも与えることはできなかった……。

終章

35年目の決着

「言いたくないんだけど……バックで男性のモノを突っ込まれて……はじめての経験なんでびっくりしたんですけど……正直言って痛いし、この人何やってるんだと思いましたけど、これで許されるんならいいなと思って我慢しましたけど……」

（ビデオ『光ＧＥＮＪＩへ』より）

１９８９年盛夏。

私は北公次を主役にしたビデオ版『光ＧＥＮＪＩへ』（パワースポーツ）を撮りはじめた。自ら監督した作品である。

北公次は『光ＧＥＮＪＩへ』の本を成立させる過程で5日間に及ぶ私からのインタビューを受けたが、ビデオ版では吹っ切れたのか、さらに表に出てこなかったジャニー喜多川社長の性虐待行為について、率直に語り出した。

浅草ビューホテルの一室で私に向かって話すのではなく、今回はカメラに向かって話すのだ。

撮影は私が仕事場にしている高田馬場の事務所でおこなわれた。

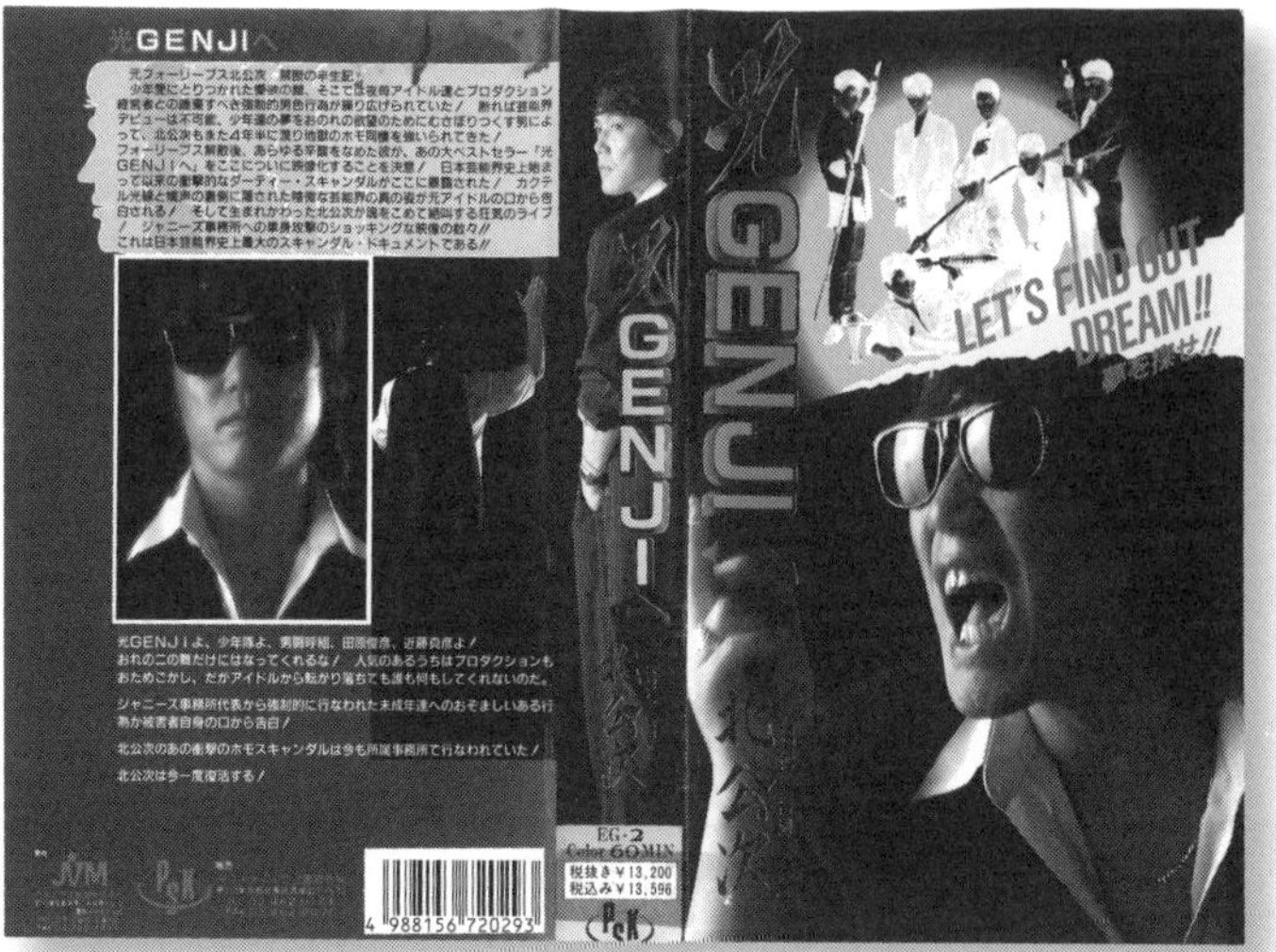

1989年に発売されたVHSビデオ、
『光GENJIへ　北公次』(パワースポーツ)のカバー。

カメラマンはターザン八木である。

室内の照明だけで撮っているので、北公次の衝撃の告白も、画面が薄暗く不鮮明である。だが暗い画面がかえって北公次の深刻な告白を印象深いものにしていた。

「行為がだんだん激しくなってきて…………、ときには……浣腸なんかやられたり……、我慢しなくちゃいけないっていう雰囲気つくられちゃって、この人の言うことをきかないとデビューできないんだ。実際に『デビューさせてやる』って聞いてましたから、ジャニーの言うことをきかないと、デビューできないんだと思っていましたから。その当時、ジャニーズってすごい人気でしたから、自分でも我慢しなくちゃいけないと思っていましたから、正直いって我慢しましたけど、だんだんエスカレートしてきまして……、ひどいのはあの人の机の中に外人のエロ本がいっぱいあるんです。それがちゃんとわかるように部屋に置いてるんですよね。自分も見るんだけど、〝性〟というものがわからなくなっちゃって、正直いって女の人とやりたいのに、なんでこんな男の人にやられなくちゃいけないんだろうと、ずっと苦しみましたけど、自分が我慢してフォーリーブスとしてデビューして売れたっていうか、CBSソニーの第1号タレントになれて、レコードも何回もベスト10に入ったし、紅白も出たし……（サイレンの音）」

この頃はまだジャニーズ事務所は今ほどの規模ではなかったため、ジャニー喜多川社長が愛するのは北公次少年に集中した。

北公次が証言したように、デビューするためにはたとえ嫌なことでも我慢する、という処世術を彼が学習したことが、後のジャニー喜多川社長と所属するタレントとの関係を決定づけた。

デビューと仕事の紹介をほのめかせば、10代少年たちを我が物にすることができる、とジャニー喜多川社長も学んだために、性加害は、長年にわたって継続した。

被害少年たちが訴えなければ司法が動くこともなく、ジャニーズ事務所が大きくなり、有力タレントを数多く輩出すれば、メディアに対しても何かあったら、「うちのタレントを出さない」と圧を加えることでコントロールが利くようになる。

山手線の警笛が割りこむなか、私の仕事場で北公次の独白がつづいた。

「今回この『光GENJIへ』という本を出して、いろんな反響がありました。僕は真実を書いた、これだけなんですけど。ジャニーズ事務所か北公次か、真実か嘘かこの2つしかないわけで……。僕が今回こういう告白をしたのはひとつのケジメでありまして、今まで本は出したことがあったんですけど、ジャニー（喜多川）との絡みあいがいつも抜けてるんですよね。だから今回は自分の人生において再出発するには、そのジャニーとの関係を出さないと、再出発はあり得ないと思いまして、この『光GENJIへ』を出したんです」

画面に向かって語りつづける北公次。

滑舌はけっしていいほうではなく、口下手なところもあるが、かえってそれが告発者の真摯さを感じさせる。

「一番言いたいことは、ジャニーだけじゃなくてメリーにも考えてもらいたいことは、20年間まだ同じことを繰り返してるってこと。僕はそれを言いたい。後からデビューした連中も知ってますけど、同じことなんですよね。たのきんトリオとか、光GENJIとか、同じことが繰り返されてると絶対思う。僕も本を出しまして、ジャニーズ事務所出身の連中がつらい思いをして、僕のところに連絡して、同じつらい目に遭ってるんですよね。彼らたちが偉いと思うのは、僕は拒否したらスターになれないと、そういう信念がありましたから、我慢しました。だけど彼たちは、それは嫌だって蹴っ飛ばして（事務所から）出て行った」

＊

『光GENJIへ』は短期間で35万部というベストセラーになった。

発売当時は居酒屋にいると、隣の席で会社帰りの男たちが北公次とジャニーズ事務所の話をしだしたり、高校の授業の休み時間に、生徒たちがジャニーズ事務所所属タレントの心配をしたり、キャバクラの席で隣に座ったホステスがいきなりジャニーズ事務所とジャニー喜多川社長の噂をしだしたり、本の影響は大きかった。

その一方で、マスコミはごく一部をのぞき、沈黙した。

地上波は特に露骨だった。

版元や村西とおるとサンドバッグ軍団が『光ＧＥＮＪＩへ』の存在をアピールしても、まったく動かなかった。

苦笑いしたり、なかには村西とおるに対して精神状態のバランスが崩れたときをさす放送禁止用語をもって、揶揄した。

ある民放の深夜放送で音楽番組を観ていたら、最近観たライブの話になった。

すると、ピー音が流れた。

話の前後から推理するに、渋谷エッグマンでおこなわれた北公次の復活ライブの話で、ピー音で消された言葉は〝北公次〟としか考えられなかった。

１９８９年当時、北公次はあきらかに放送禁止用語だった。

ジャニーズ事務所への忖度だろう。

朝日・読売・毎日・日経・産経といった大手新聞に打診しても、新刊紹介のコーナーにはまったく載らなかった。

長期にわたる事務所代表の性加害を、元フォーリーブスリーダーが訴えているのに、新聞各社は記事として取り上げようとしなかった。何人もの少年が長年にわたって性虐待を受けていても、そんなことは語るにあたらない、という態度だった。

ごく一部の夕刊紙、週刊誌をのぞき、ジャニーズ事務所タレントを起用する媒体をもつスポーツ紙、出版社、テレビ・ラジオ局は無視した。

35万部のベストセラーになりながら、メディアでほとんど無視されたことに怒った村西とおるは、今度はビデオ版『光GENJIへ』でジャニー喜多川社長の性加害を訴えようとした。

「ケツ掘られた当時の未成年を探すんです。その少年たちを登場させるんですよ。ケツ、ケツ掘られたやつを！」

ビデオでは、北公次の証言が終わると、画面が切り替わり、原宿の貸しスタジオで撮影された元ジャニーズJr.たちによる性被害体験の証言がつづいた。

★山﨑正人（19歳）

当時流行っていた吉川晃司ふうの髪形で温厚な顔立ち。

「僕がお風呂に入るとき、ジャニーさんもついてくるんですけど、なかなか出ていってくれない。ジャニーさんが泡風呂つくってくれてまして、ノックがありまして、『どうだ、湯加減は』って。噂ではジャニー社長はホモだって聞いてましたから、警戒心は（事務所に）入ったときから持ってたんですね。やばいなって、すぐ出たんですけど、そのうち挙げ句の果てにはジャニーさんが風呂に入ってきた。夜はおれの布団の中にジャニーさんが入ってきて、もぞもぞっと、なんか足がグズグズするからハッと目が覚めたら、ジャニーさんがいて『明日はレッスンがんばろうね。今度、ドラマのオーディションあるから、ユーは絶対出させるから』。おいしい話をしながらからだに迫ってくるんです」

★倉田順一（ビデオでは金田順一・22歳）

短い髪、黒いTシャツ、精悍な顔つき。

「あの当時、14歳でした。やっぱり社長を信じてました。その社長にああいういかがわしいことされて……。合宿所に着いて、ジャニーさんから台本渡されて『こういうセリフ言うから、よく勉強しておくように』って言われました。寝るまでずっと勉強していたんですけど、次の日、学校もあったんで、どうしても早く眠りたい。寝ようとしたら、X（証言では実名。3人編成の超人気グループ）もいたんですけど、川の字になって寝てまして、ウトウトってしたら隣からなんか『ジャニーさん、苦しいよ』っていう声が聞こえたんです。何やってるのかなと思って、仲間同士でふざけてるのかなと思っていたら、そのうちシーンと静まり返ったころ、部屋の中でなんか荒い息が聞こえるんですよね。何がおこなわれてるのか全然理解できなくて、そのうちゴソゴソゴソって動く音がして、パッと見たら社長で、そのときはただ横になっているだけだと思ったんですけど、そのうち抱きかかえるような形になって、複雑な形なんですよね、足もからめてくるんですよね。正直言って、びっくりしましたよね」

★安藤孝秋（22歳）

愛嬌のある三枚目ふうの青年。

「合宿所に行くと危ない、とかいろいろされるって話は一応聞いてるんですけど、僕自身はジャニーさんに嫌われていたみたいで、合宿所とは縁が無くて、レッスンは時間が決まってますから、そのとき行ってましたけど、結局（出演した）テレビでは思いっきりカットされて、無理して行くことはないと（事務所は）やめました」

★阿部順一（23歳）

痩身で一見こわもてふうの好青年。

「大部屋がありまして、川の字になって寝るんですね。これくらいの間隔で（30センチくらい）みんなが寝てるんですよ。3人くらいしか寝れないところに5人寝たりとか。雑魚寝みたいな状態で。

なんか眠れなくて、起きてたんですね。そしたらいきなり部屋のドアがギイって開きまして、入ってくるんですよ、ジャニーさんが。

ずーっと薄目開けて見てましたら、何人か先のやつのところにモゾモゾって入っていくんですよ。一緒に寝るのかなみたいな。そのころなんとも思ってなかったんですけど、だんだん声が聞こえてきまして、何やってるんだろう？　するといきなり今度僕の横に入ってきたんですよ。割りこむように入ってきて、からだをぴったりくっつけるんですね。今度は変な動きをして、しまいには手がこうやって胸のところに当たってきて、みんな、合宿所ってパンツ一丁で歩き回ってるんですよ。寝るときもパンツ一丁。いきなりからだを横につけられて、触られて、本当だったんだなって、すごいショックだったんですけど。だんだん下のほうに手が伸びてきたんで、これはまずいなと思って、変に問題起こしたくない。そのころは一応ドラマ（の仕事）もらっていて、これからがんばればなんとかなるんじゃないかって気持ちがありまして、問題を起こしたくない。もうすっとぼけて眠ってるふりをして、寝返りを打ってかわしたんですよ。そしたらジャニーさん、隣のやつのところに行きましたけど」

★平本淳也（23歳）

告白者たちのリーダー的存在。

「はじめて（合宿所に）泊まりに行ったときレッスンの帰りだったので、けっこう疲れてたんですよね。僕たちが寝てたら、いきなりジャニーさんが布団の中に入ってきて、抱きつかれまして、締め付けるような感じで抱えてくるんですよ。『今日は疲れた？』とか聞いてきましてからだをマッサージしてくれるんですよ。その夜はそれだけだったんですけど、2度3度（合宿所に）泊まりに行くとですね、抱きつかれたと同時に今度は手の動きが違うんですよね。からだじゅう撫で回し、触ってくる。そのとき僕は強気だったんで、はねのけましたけど」

*

ジャニー喜多川の性加害の被害者たちが、一挙に実名顔出しでカメラ前に立ったのはこのときがはじめてだった。

当時はセクハラ・パワハラ・モラハラといった言葉は存在せず、概念も曖昧だった。

LGBTQという分類もなく、性の概念もおおざっぱだった。

性がらみの人権問題の議論には、どこか腰が引けたり、避けて通る傾向が強かった。

男同士の性愛を真剣に取り上げることはほとんどなく、笑いで済ませるところがあった。

男が男から被害を受けるというのは、恥ずかしくて情けない、とはなから相手にされない風潮があった。

そんななか、登場してくれた彼らの勇気は貴重だった。

『光GENJIへ』を読んで、性加害を受けてひとり悩んでいた元ジャニーズJr.たちが、「実は……」と手をあげて、理不尽な被害を世に訴えようとしたのだ。

だが村西とおるはまだ納得しなかった。

「ケツ掘られた少年が重要なんです。ケツを掘られた少年がもっと他にいるはずです」

村西とおるお得意の露悪趣味でこんな表現を用いているが、このときの発言は実は性虐待問題の核心をついていた。

1989年当時、男性による男性への強制的な猥褻行為はなかなか事件になりにくかったし、被害者も恥じて訴えようとしなかった。

だが、強制的な肛門性交は当時でも傷害罪が成立するし、強制猥褻にあたるものだった。

これに加えて、小中学生という義務教育中の男子が肛門性交を強制されていたという二重の罪は、法改正前の当時でも逮捕案件だったのだ。

メディアも司法もなかなか問題視しないことに、村西とおるはあえて「ケツケツ」と連呼したのである。

地方から上京し、証言してくれた元ジュニアもいた。

★京都から来たT・U（作中では実名・18歳）

夜の新宿駅周辺でのインタビュー撮影。

「ジャニーさんが入ってきて、やっぱり一緒に寝なくちゃいけないのかなと思ってたんですよ。突然抱きつかれて、人形を抱くみたいに、足をからまされて身動きとれない状態になってしまったんですよ。からだとか手でまさぐりまわされて……」

★T・N　17歳

関東近郊の新興住宅地で家族4人暮らしの長男。

元ジュニアの関係者から情報を入手し、接触した。

家族に知られたくないので、夜中寝静まったときに来てください、とのことで、深夜、2階の部屋にベランダから上り、訪問した。

「夜、寝ちゃってたら、ゴソゴソってなって、横にジャニーさんがいて、なんか急に抱きついてきて、1回いなくなったなと思うと、10分くらいたつとまた来て、また同じことをして、そのうちなんか、ズボンの中に手が入ったりして……指とか……なんかを入れてきたりして……（どこに？）肛門……」

＊

告白者のなかでももっともアイドルの匂いを感じたのが、平本淳也だった。

1966年6月14日生まれ。

神奈川県厚木市出身。

13歳のときに、ジャニーズ事務所に写真と履歴書を送ったことをきっかけにジャニーズJr.になる。

18歳までの間、合宿所に出入りしていた。

田原俊彦、近藤真彦、シブがき隊、少年隊らのバックダンサーを務めながら、正式デビュー前に少年隊主演映画『あいつとララバイ』で暴走族役として出演する。

月刊『明星』（1982年9月号）のグラビアでは、ジャニーズ野球チームの一員として大勢のアイドルたちにまじり、最前列右端にジャニーズ歴2年の平本淳也が写り、その左隣に木本雅弘、布川敏和、薬丸裕英、東山紀之が写っている。

デビュー前、社長からの肉体接触があったが、拒否して事務所を退所する。

甘いマスクをしながら鼻っぱしが強く、青年実業家として独立、成功をおさめる。10代のころ、アイドルの必須条件である小顔になりたくて（そのままでも十分小顔なのだが）、毎夜、フルフェイスのヘルメットをかぶって寝たという逸話がある。

小中高時代、毎年バレンタインデーになると、淳也の前にチョコを手渡す女子の行列ができるほどだった。

「本橋さん、おれと結婚する女って幸せだと思いませんか？　だって毎朝、おれの顔を見れるんですよ」

そんなセリフが嫌味にならない若者だった。

「最初は倉田順一だったんですよ。『光ＧＥＮＪＩへ』を読んだ順一が感動してすぐおれのところに電話してきたんですよ。『淳也、こんなすごい本があるんだ。おれ、今、北公次さんの付き人やりだしたんだ。手伝ってくれよ』って。あいつはおれがジュニア時代に一番仲がよかったやつなんですよ。あいつはおれが知ってる限り、ジャニーさんからの一番の被害者で、合宿所の前で震えながら帰っちゃったんですよ。それが最後、ジャニーズJr.時代にあいつを見たのが。

再会したとき、あいつ、『おれはジャニーズ事務所をつぶすんだ』って北公次と同じことを言ってたんですよ。それでおれも『光ＧＥＮＪＩへ』を読んだんです。ああ、これはすごいや、おれも辞めてから3年しかたってなかったんで、すごいリアルじゃないですか。ついこの間の出来事で、描写がすげえなと思って、すぐさま倉田に会いに行って、北公次本人から『こういうことだから手伝ってくれないか』と直々に言われて、やっぱり北公次はスーパースターだったから、『わかりました』と。これは参加しなければ、と思ったんです。そこからですよ。メンバー集めて、最初4人がそろった。それから若いやつ呼んでスタートです」

平本淳也は私の仕事に興味をもち、その後、1996年に再会したときはジャニーズ関係の書籍を相次ぎ執筆、3日間で10万字超、1冊分をなんなく書き下ろす売れっ子ライター・評論家になっていた。

後に今回の性加害問題のキー・パーソンになる。

＊

北公次と私は、ビデオを撮るようになってから、また付き合いが再開し、ほぼ毎日会うようになった。

ほとんどをライブ活動の練習に注ぎ込み、元フォーリーブスのリーダーは心底、充実しているように見えた。

B級グルメが好きで、夜、遅くなると私と六本木の回転寿司に入り、気ままに注文した。

液体咳止め薬の一気飲みはやめて、からだも健康にもどりつつあった。

その代わり、アルコールの力で酔うことが増えた。

ぜいたくをするわけではないのだが、カネが入ると子どものようにあるだけ使ってしまうところがあった。

私は監督料をもらうはずだったが、要求するタイミングを逸し、そのままにしていた。北公次への連帯というつもりで無償でもいいと思った。

3年後、村西王国が崩壊したので、永遠に無償になった。

北公次はサンドバッグ軍団と一緒に昼食や夕食をとった。

ダイヤモンド映像には、ビッグマン、裸の王様、といったAVレーベルもあれば、パワースポーツというモデルや女優のイメージビデオを販売するレーベルもあった。

野田義治というプロデューサーが仕切っているレーベルで、彼は自身でイエローキャブという巨乳系プロダクションを経営し、堀江しのぶ、雛形あきこ、かとうれいこ、MEGUMIといったタレントを擁して有名になる。

それらレーベルのスタッフたちが一堂に会し、食事をとる。

応接室には絶叫している北公次の写真が使われている『光GENJIへ』の特大ポスターが数えきれないほど張られていた。

私はこのポスターを使って、ビデオのワンシーンを撮ろうと決めた。

そしてイメージシーンの撮影で、私の母校の大学校舎の屋上からポスターをばらまき、撮影した。

どんぶりを平らげた北公次は、かたわらのターザン八木と談笑していた。

「あの子とあの部長、できてるでしょ?」

北公次が男女関係を推理した。

するとターザン八木が「え、え、え、え? なんで公ちゃん、わかるんですか?」と驚いた。

「おれって、10代のころから女の子たちが周りにいたから、わかるんだよ、女の子の気持ちが」

私など、ずいぶん前からその2人を見てきたが、男女の仲だとはまったく気づかなかった。

北公次の目を通すと、単に仲がいいのと男女の関係にあるのとでは、どこか一線を越えた分水嶺があるのだろう。

平本淳也が声をかけて集まった元ジャニーズJr.たちは、北公次のもとで新・光GENJI(後にSHADOW)という名称でライブ活動をしだした。

日比野正明、ターザン八木、クロコダイル山本たちサンドバッグ軍団が無償でライブ活動を撮影した。

ファンもついて会場は常に満杯になった。

トラブルも起きた。

ファンからステージの彼らに花束が贈呈される。

すると北公次が、その花束を横から取り上げると、何か言いながらポイとステージに捨てた。

滑舌がわるいのでよく聞き取れなかったが「まだ早い」というような言葉だったと思う。

ライブが終了した楽屋で、新・光GENJIのメンバーたちが憤っていた。

「花束、捨てることはないですよ。ファンに失礼ですよ」

北公次はステージで自分にスポットが当たっていないと、不満なのだ。

わがままで目立ちたがり。

長年スターでいた男のもうひとつの素顔だった。

＊

私の仕事場で北公次の独白を撮った場面にもどる。

ターザン八木の証言。

「あの日のことは覚えてますよ。あれは絶対忘れません。本橋さんの事務所で公ちゃんの告白を撮る前にイメージシーンで夜景を撮ったんですよね」

ビデオ版『光ＧＥＮＪＩへ』で、東京の夜景をバックに北公次の独白の音声が流れるシーンを作るために、都心の夜景を撮影することになった。

関東地方の飛行場からセスナ機をチャーターして、大東京の夜景を上空から撮る。そうとう費用がかかったはずだが、当時のダイヤモンド映像は膨大な儲けをあげており、しかも当時は後にバブル経済と呼ばれるカネあまりの時代だった。セスナ機チャーターなど安いものだった。

夕暮れの東京上空を飛行する。

ベテランのパイロットが眼下の街を解説する。

雲がかかり、上空の視界が悪くなった。

どこまで行っても雲海が邪魔をする。

やっと切れ間が見えた。

「うわっ！」

誰かの悲鳴。

鉄塔の先端が目の前に迫っていた。

東京タワーの先端だった。

夜になり、東京の景色ががらりと変わっていく。

夜の川に宝石箱をひっくり返したかのような、心を奪われる景色だ。

ターザン八木が大型ビデオカメラで撮っていると、もうひとりのベテラン助監督が「操縦してみたい」と冗談半分で言ってみたところ、パイロットは操縦桿を握らせてくれた。

ベテラン助監督は操縦桿をしばらく握っていると、なぜか動かしてしまった。

瞬間、無重力になった。

セスナ機が急降下したのだ。

パイロットがすぐに操縦桿を握り、立て直した。

血の気が引いた。

地上に降りて、北公次と合流して高田馬場の仕事場で告白の撮影をおこなう。

ビデオカメラをセットし、カメラに向かって北公次がジャニー喜多川とメリー喜多川に訴えかける。

訴えていくうちにだんだん感情が高まり、恨みが肥大化していく。

小休止になった。

ターザン八木の童貞をビデオ出演で捨てさせた山口強平監督が、こんな感想を漏らした。

「公ちゃんがジャニー喜多川について語るときって、振られた女が振った男に恨みつらみを吐いているようにしか見えないですね」

たしかにその通りだ。

ふたりはある時期、夫婦だったのだから。

*

ビデオカメラに向かって延々と話しつづけることは、簡単なようで難しい。

つい視線を外してしまいがちになる。

ところが北公次はずっとカメラレンズを見つめながら話すので、視線が泳がない。

さすがショービジネスの最前線で活躍してきた男だけのことはあった。

訴えかける相手は、フォーリーブスの元メンバーたちに移った。

北公次は、青山孝、おりも政夫はジャニーズ事務所寄りの人間だと思っているのか、彼らには手厳しかった。呼びかけも罵声に近い。

江木俊夫に対しては、「トシ坊」と呼び、「おれと性格正反対だったけど、おまえ一番好きだよ。ジャニーズ事務所やめて立派にやってるから。おれ好きだよ」と好意を示した。

後に、「僕らのベストセラー」という連載で江木俊夫を取材したときがあった（『ベストセラー伝説』新潮新書に収録）。

私が少年時代に夢中になって読んだ雑誌、漫画、小説の舞台裏を探るという内容の記事で、月刊漫画雑誌『少年画報』の表紙モデルを長年務めた子役時代の江木俊夫の記憶を探る取材だった。

１９６4年秋、目前に迫った東京オリンピックがテーマになった表紙で、江木俊夫が聖火ランナーになって写っている。

半世紀前の撮影を江木俊夫はまったく覚えていなかった。

しかしその対話の中で、とても印象に残っている発言があった。

「おれ、アフレコのトシちゃんって呼ばれてたの」

アフレコとはアフターレコーディングの略で、撮影の後、スタジオでセリフ音声のみを別途、録音することである。

「天才的、うまいって言われたの。アフレコの時はあんまり感情を出さないで、あとで映像に合わせやすいように、常にカメラを意識して話す。うつむいたり絶対しない。どこにセリフが入るかわからないから。堂々としているとか言われたけど、それはアフレコのため。主役は余計なことしちゃだめ。大根でいい。だから脇がいる。ヤクザの親分がいちいちお茶出してたらおかしい。脇役が出るとこなくなっちゃう」

江木俊夫は子役からアイドルにうまく移行できた数少ない成功者だった。

フォーリーブスがデビューしたとき、特撮テレビドラマ『マグマ大使』に出演していたマモル少年がいる、と驚いたものだ。

「希望持たないほうがいいの、人間は。何かしたいとかスターになりたいとか思わないほうがいいの。言われるままに時の流れるままに。芸能人は余計なこと考えないほうがいいの。これを期にもっともっと売れたいとか思っていなかったから。おれが何かしたいっていうのはない。これだけ自分が（芸能界で）続いたのは、たとえば雑誌の表紙で王さん長嶋さんのにはさまれて撮影したときさえ淡々とやったからじゃない？」

淡々と無欲でやったほうが、ライバルができにくい。結果的に敵が増えない。

「テレビ、映画、CM、表紙、歌、フォーリーブスの時より子役の時のほうが忙しかった。芸能人って努力も必要だけど、運も必要。子役が終わるころ、ジャニーさんがスカウトしてくれたから」

江木俊夫は偽悪的に「言われるままに時の流れるままに。芸能人は余計なこと考えないほうがいいの」と語っていたが、いつか見た番組で、たまたまベテラン歌手たちのコンサートがあって、そこに江木俊夫がいた。他の歌手は歌い終わると必ず息を荒くして、年を取ったと自虐的に言っていたが、彼はそれは言わないほうがいいと釘を刺していた。

言い訳めいたおしゃべりは、客にとってどうでもいいことで、プロである限り年齢は関係ないのだから。

江木俊夫が長年、芸能界で生きてこられた舞台裏を見た思いがした。

ジャニーズ事務所には客観的で怜悧な世界観をもっているタレントが少なからずいる。

＊

北公次を助手席に乗せたワゴン車は、一路、六本木をめざした。

ターザン八木の証言。

「本橋さんのインタビューを受けているうちに、公ちゃんの気持ちが高揚してきて、このまま事務所に行こうってことになったんですよ」

ワゴン車は四谷三丁目にさしかかった。

「ジャニーと住んでいたのはそこだよ」

「お茶漬け屋さんの2階っていうのはあそこだよ」

北公次は場所をよく覚えていた。

ジャニー喜多川と暮らしていた最初の部屋だった。

「おれが15のとき。その下のお茶漬け屋さんっていうのはメリーがやってたんだよ」

車が六本木に近づいた。

うしろを振り返り、ターザン八木が撮るビデオカメラに向かって、ロレツのあやしくなった北公次が語りつづける。

「ジャニーズ事務所のタレント、これ見てて楽しいだろ。バッチリだろ。ジャニーがそばで見ててもね、笑ってればいいよ。内心笑ってやれ。おれの言ってることぴったりだろ」

ついに事務所近くに到着した。

私はセスナ機が二度、危うい状態に陥ったことを思い出した。

二度あることは三度ある。

カメラはずっと北公次の行動を追っている。

何かあったら、すぐに止めるつもりだった。

北公次はバッグを持っていたが、彼が中から何か取り出したら、すぐに捨てさせるつもりだった。

このときの撮影には、『ＦＯＣＵＳ』のカメラマンが途中から同行するはずだったが、姿を見せない。カメラマンに連絡をとってみたところ、語気鋭く、同行取材を拒否してきた。

「犯罪がおこなわれるかもしれない現場に行くようなことは、あり得ません、お断りします」

『ＦＯＣＵＳ』といえば、火の中水の中、危険な現場には常にカメラマンがいた。

だが、今、断ってきたのは、危険な瞬間が待っているからなのか。

ジャニーズ事務所前に立つ北公次。

鉄製のドアが閉まっている。

北公次が激しく足で蹴った。

ジャニー喜多川の名を絶叫した。

クロコダイル山本の照明が北公次を浮かび上がらせる。

予測不能になった。

北公次はこれでは納得しないだろう。

だがこれ以上、ここにいるのは危険すぎる。

事務所の中からライトが見えた。

中に人がいる。

危険水域だ。

ビルとビルの谷間への侵入を防ぐためか、人の背丈よりも高い木の扉が立てかけられていた。

私はその木の扉を手で揺すってみた。

すぐに外れそうだった。

怒れる北公次が攻撃対象を探していた。

すぐに木の扉を見つけ、前に立った。

激しく揺さぶる。

扉はあっけなく外れてしまった。

北公次はなおも激しく扉を揺さぶった。

クロコダイル山本の照明に浮かび上がる怒れる男。

また揺さぶる。

私はもういいだろうと、北公次を押しとどめようとした。

すると意外な言葉が返ってきた。

「これくらいでいいんじゃない?」

大人だった。

ターザン八木が証言する。

「公ちゃん、お酒も入っていて、本橋さんのインタビューで熱くなって、このままジャニーズ事務所に行こうと、公ちゃん先頭で向かったんですよ。車降りてジャニーズ事務所に向かったら、事務所スタッフらしき人とすれ違ったんですよ。公ちゃんをじっと見て、あれ?って顔になって、走って事務所にもどったんです。おそらく関係者でしょう。背の高い30過ぎの人です。それで鉄製のドアを閉めちゃったんです。でもあれがよかった。そのまま事務所に入ってたら……」

ビデオ『光ＧＥＮＪＩへ』（パワースポーツ）は１９８９年秋、発売された。監督は太田春泥。私のペンネームである。

大好きな江戸川乱歩の最高傑作といわれる『陰獣』に登場する謎の探偵作家・大江春泥からとった。

今回、この原稿を書くために30数年ぶりにビデオを再生してみた。

平本淳也をはじめみんな、若い。

みんなで一緒に黒木香の焼き肉店「香貴苑」で、カルビやタンを山盛り平らげたことを思い出した。

ジャニーズ問題について渋谷・銀座でインタビューしているのは、33歳の私だ。

実は、このビデオは数年前に復刻されている。しかしところどころ、知らぬ間に改編されて、性加害シーンがおどろおどろしく読み上げられる部分がある。屋上屋を架す、というか、「ジャニーズ探偵局」名義の復刻版は、私、太田春泥作とは異なることを記しておきたい。

データハウスは、『光ＧＥＮＪＩへ』の続編の出版を考えていた。

鵜野義嗣編集長から私のもとに、続編のゴーストをやらないか、と依頼が来た。

私は北公次の半生は十分書き尽くしたと思い、第2弾以降のゴーストを遠慮した。近しい人間たちからは、かなりの収入になるのに、と言われたが、そういう問題ではなかった。

第2弾以降の北公次の著作は一度も読んでいない。

ゴーストは北公次のバンドプロデューサーが担当したようだ。

他の元ジャニーズ事務所所属タレントの告白集も何冊か刊行されているが、一度も読んでいない。

私にとっては北公次との1年以上の交流がすべてであり、もう仕事にはしたくなかった。

すべてを投げうって訴えかけることを、魂の告白などと言うが、魂の告白は一度きりでいい。あとは前を向いて生きたほうがいい。

最後に北公次を見たのはいつだろう。

どこかのライブ会場を訪れたとき、ステージが終わり、楽屋に挨拶に行こうとしたら、すでに人が押しかけていたので、私が人の壁からかろうじて手を振ると、遠くにいる汗まみれの公ちゃんが気づき、手を振り返してくれた。

それが最後だった。

＊

2023年5月14日。
ジャニーズ事務所藤島ジュリー景子代表の叔父、ジャニー喜多川元代表による性加害問題について釈明のビデオ放送があった。

株式会社ジャニーズ事務所代表取締役社長、藤島ジュリーでございます。この度は、創業者ジャニー喜多川の性加害問題について世の中を大きくお騒がせしておりますこと心よりお詫び申し上げます。何よりもまず被害を訴えられている方々に対して深く、深くお詫び申し上げます。そして関係者の方々、ファンの皆様に大きな失望とご不安を与えてしまいましたこと、重ねてお詫び申し上げます。大変遅くなりましたが、各方面よりいただいていたご質問に対して、このあと書面にて回答させていただきます。

――なぜ、すぐに会見をおこなわなかったのか？
まずは事実を確認し、責任を持って対応すべきだと考えました。
個人のプライバシーにも関わる非常にデリケートかつセンシティブな問題で

あったため、カウンセラーや弁護士など専門家の協力を得ながら、声をあげられた方とのご対面、社内調査、具体的対応策についての協議等を慎重に進めておりましたことから、広く皆様にお伝えするまで時間が経ってしまいました。対応が遅くなった点に関しまして、お詫びいたします。

――BBCの番組報道、またカウアン・オカモトさんの告発について、どのように受け止めているのか？

事実であるとすれば、まず被害を訴えておられる方々に対してどのように向き合うべきか、また事務所の存続さえ問われる、極めて深刻な問題だと受け止めました。

あらためて事実確認をしっかりと行い、真摯に対応しなければならないと思いました。

――BBCの番組報道、またカウアン・オカモトさんの告発は事実か？

当然のことながら問題がなかったとは一切思っておりません。加えて会社としても、私個人としても、そのような行為自体は決して許されることではないと考えております。

一方で、当事者であるジャニー喜多川に確認できない中で、私どもの方から個別の告発内容について「事実」と認める、認めないと一言で言い切ることは容易ではなく、さらには憶測による誹謗中傷等の二次被害についても慎重に配慮しなければならないことから、この点につきましてはどうかご理解いただきたく存じます。

とは言え、目の前に被害にあったと言われる方々がいらっしゃることを、私たちは大変重く、重く受け止めております。

――ジャニー喜多川氏の性加害を事務所、またジュリー社長は知らなかったのか？

知らなかったでは決してすまされない話だと思っておりますが、知りませんでした。

このことを説明する上では、当時のジャニーズ事務所がどのような意思決定で運営されていたかについて、ご説明する必要があると思います。

週刊文春から取材のあった1999年の時点で、私は取締役という立場ではありましたが、長らくジャニーズ事務所は、タレントのプロデュースをジャニー喜多川、会社運営の全権をメリー喜多川が担い、この二人だけであらゆることを決定していました。情けないことに、この二人以外は私を含め、任された役割以外の会社管理・運営に対する発言は、できない状況でした。また管轄外の現場で起きたことや、それに対してどのような指示が行われていたのか等も、そもそも全社で共有されることはなく、取締役会と呼べるようなものも開かれたことはありませんでした。本件を含め、会社運営に関わるような重要な情報は、二人以外には知ることの出来ない状態が恒常化していました。

振り返るまでもなく、その状態は普通ではなかったと思います。ただ、1962年の創業時からずっとこの体制で成長してきたこともあり、ジャニーとメリーの二人体制＝ジャニーズ事務所であることを、所属する全員が当然のこととして受け入れてしまっていたように思います。私自身その異常性に違和感を持つことができなかったわけで、ただただ情けなく、深く後悔しております。

２０２３年５月14日

株式会社ジャニーズ事務所
代表取締役社長　藤島ジュリーＫ．

＊

あまりにも長すぎた道のりだった。

村西とおると直接、会議室でやりあってから35年が過ぎていた。

封印されてきたジャニー喜多川社長の性加害問題が海外メディアの報道をきっかけに大きく変わろうとしていた。

ＢＢＣの取材に大きく貢献したのが、ほかでもない平本淳也だった。

「感想を一言で言うと、今やっと相手にされたか。やっと相手にしてもらっていると言うほうがいいか。５年前ですからね、ＢＢＣが接触してきたのは。『こういう番組をつくりたいんですけど、可能ですか、不可能ですか』。そこから師匠（本橋信宏）の話、村西監督の話からはじめて、10人くらいの元ジュニアを紹介したんだけど、コロナ禍前だったんで、ＢＢＣともいろいろやり取りして、やっと去年９月ですから」

今までNHKや民放といった地上波が、一切無視してきたものが崩れるときがやってきた。

最初の一撃は本当に控えめな報道だった。

「BBCドキュメンタリー『J-POPの捕食者：秘められたスキャンダル』（2023年3月18日BBCニュースで全世界放送。2023年6月現在、BBCニュース日本語版YouTubeで番組全編を公開中）関連記事に、僕も出た。それからすぐNHKに呼ばれたんですよ、僕が。

4月に報道局から電話が来て。はじめから全部しゃべって、うちの師匠の名前出して、村西監督は世界的に有名な『全裸監督』のモデルで原作は師匠の本橋信宏さんが書いて。そんな話をしつつ、報道局からは『まだ放送できるかできないかわかりません、でも上に何か言われても私たちは絶対やります』っていう意気込みを聞かせてもらって、まさかの報道局だったので、「ほんとにできるんですか、大丈夫ですか」って、あの渋谷の放送センターに2回行きました。それで夕方4時の1、2分くらいのニュースで1発目打ってもらって。日本のテレビ局がはじめてジャニーズの性加害について報道したんです。NHKも『もういいや、もうやっちゃえ』ってなったんでしょう。またNHKに呼ばれて、僕が、『『クローズアップ現代』』、いけませんか？」って言ったら、「もちろん、狙ってます」と。お手伝いしてください、ということで、告白者、出演者紹介のお手伝いさせてもらって、やっと『クローズアップ現代』がやってくれたんで、専門家たちが、コメントしてくれた。あの番組がやってくれたということが大きかった。ニュースがらみでは僕が絡んでます。一昨日、TBSニュース、さっき、テレビではじめて観たんだけど、おお、おれが出てる。メディアの方々は反省してますよね、番組内でね。我々が一番責任があるだろうと」

「あの本、師匠が書いたって、おれ、あちこちで言いふらしてきましたからね」

平本淳也がすました顔で言った。

すでに知る人は知っている本ではあった。

地上波をはじめ、堰を切ったように、いくつもの新聞、雑誌、通信社、インターネットで報道合戦がはじまった。

「ジャニーズ社長謝罪　性加害、事実認定避ける」朝日新聞／2023年5月16日朝刊。同日の朝日新聞は「謝罪のジャニーズ　真相には背　離反恐れ、追い込まれた事務所」、「報道抑制　被害広めた面も」と3箇所で記事にしている。

「〝実態を知ってほしい〟ジャニーズ事務所　元所属タレントたちの声」NHK『クローズアップ現代』／2023年5月17日。

「13歳で性被害、1万円渡され…」背負う苦しみ　元ジャニーズJr.が告白　日本テレビ『真相報道バンキシャ！』／2023年5月21日。

「橋田さんが被害者窓口設置　ジャニーズ性加害で会見」共同通信　KYODO NEWS／2023年5月26日。

「元Jr.の二本樹顕理氏、ジャニー氏の性加害件数に言及『4桁もありえる』ライブドアニュース／2023年6月1日。

「国民栄誉賞作曲家の次男がジャニー喜多川氏からの性被害を告白『8歳の時に自宅部屋で…』」日刊ゲンダイDIGITAL／2023年7月5日。


性加害の被害に遭った少年たちの多くが、深刻な心的外傷後ストレス障害（PTSD）のダメージを受け、後遺症に悩まされていた。

北公次の希死念慮が強まったのも、10代のうちから、有無を言わさず性加害を受け入れざるを得なかったトラウマが影響しているのではないだろうか。

平本淳也は複雑な心境だろう。

クリエイターとして尊敬していたジャニー喜多川に、引導を渡す役割をしたのだから。

平本淳也が私をBBCに紹介し、私のもとにも取材が来た。

私はジャニー喜多川元社長の仕事における業績は最大級で評価すべきだと伝えた。そして長年に及ぶ性虐待を村西とおるが35年前に糾弾したのを、もしもメディアも司法も受け止めていたら、性虐待はあの時点で止まっていただろうと証言した。

半世紀に及ぶ小中学生男子への性加害は、東京のど真ん中で、想像を絶する数の被害者を出しながら、『週刊文春』をのぞくほとんどのメディアは沈黙を貫き通した。司法もまた影響力を及ぼすことはなかった。

村西とおるは言いたいだろう。

「狂っていたのはどっちだ」

『光GENJIへ』を書いた1988年、世の中にはLGBTQという言葉も概念もなかった。

それらの知識があまりない私でも、「ホモスキャンダル」という呼称には違和感を抱いていた。同性愛はスキャンダルでもなんでもなく、生き方である。

「ホモスキャンダル」という語句はけっして使用しないでくれ、と伝えると、BBC側もその点はよくわかっていて、十分留意するとのことだった。

ジャニー喜多川元社長の性加害問題は、あらためて人間の性欲について、深く考えさせる。

私は数々の性犯罪者を取材してきたが、彼らは自身の人生が破滅、あるいはそれに近い結末になっても、その原因になった自身の性欲についてはまったく後悔していない。

性欲は生きるエネルギーそのものだから。

性的虐待の快楽を知ってしまうと、本人ですら制御できず、暴走してしまう。からだが動かなくなるか、死ぬまで。

*

北公次は2000年前後に、フォーリーブス再結成プロジェクトに加わり、それをバックアップしたジャニーズ事務所と和解したとされる。

かつてのメンバーたちと旧交を温め、ステージで健在ぶりを見せた。

結果的に、これでよかったのだろう。

そしてこれからというときに、病に倒れた。肝臓癌だった。享年63歳。

亡くなる前日、ファンに向けた遺言をブログにアップした。

ファンの皆様　お世話になった皆様へ

本当に本当にありがとうございました。
北公次としての人生を全う出来た僕は本当に幸せでした。
大好きなステージを沢山させていただきました。
きっと　僕からのこのメッセージを読んでいただける頃は
もう僕は居ませんがみんな悲しまないでね。
僕は空からみんなを見守るよ！
ありがとうを言うのもこれで最後です
今まで応援ありがとうございました。
そして最後にどうしても言わせていただけるなら
ジャニーさん
メリーさん
ありがとうございました　感謝しています。

２０１２年２月21日　北公次

もしも北公次の記憶が正しいなら、彼が自殺未遂を起こしたとき、ドアの隙間から小さな手を差し込み、チェーンを外そうとしたのは、幼いころの藤島ジュリー景子だった。遠い昔となったあのときのように、彼女は性虐待の被害者に手をさしのべ、芸能界から似たような事件を防ぐことに努めるべきだろう。

沖縄のホテルでひとりの女性が何気なくつぶやいた一言から端を発した騒動は、当事者たちの思惑を飛び越え一大叙事詩のように、35年越しで世の中を変える事態になった。

ゴーストライターとしての掟を破り、今回私があえて素顔をさらしたのも、嘘偽らざる舞台裏を記録するためである。

北公次は今、生まれ故郷の田辺の菩提寺に眠る。

最後に

2012年7月29日深夜——。

私のパソコンに「山本」という見知らぬ男からメールが届いた。

〈本橋殿が覚えておられるかわかりませんが、私は、村西監督の下で働いていました。しかし、ある事がきっかけで自分の中で自問自答が始まり退職届を残し、自ら監督ならびにスタッフの下から去りました。

何故、今頃メールをしたか？　疑問に思われるでしょうが、本橋殿の本を読ませていただき懐かしく思ったのと自分自身が何年生きられるかという事実に直面したからだと思います。2年前に手術をして抗癌剤治療を約1年間受けました。〉

田辺まで北公次を探しに行ったあのクロコダイルこと山本だった。

大阪にもどり、仕事をしていたが現在は闘病中だという。

北公次の件もよく覚えていた。

山本は夜行バスを使って上京し、日比野正明、ターザン八木と20数年ぶりの再会を果たした。

20歳だった青年も貫禄のある中年になっていた。

あのとき専属女優だった沙羅樹のことが大好きだったという。

村西監督とも電話で交流を果たした。

村西とおるが語る。

「沙羅樹が好きだって聞いた。よし、沙羅ちゃんと会わせるから、そうおれが言ったら、『ありがとうございます！』って、それまで冷静だったのが号泣したよ。明るく生きていくんだ。死ぬ瞬間を知る人間は死んだ人しかいない。でも死んだ人はこの世にいないんだから、死というのは無いんだ。証明できないんだから。狂い死にするよりも明るく生きてやるほうを選択するんだよ」

２０１４年盛夏、クロコダイル山本は空に旅立った。

＊

田原俊彦が歌った『哀愁でいと』の元歌を歌ったアメリカのアイドル歌手レイフ・ギャレットはその後、ヘロイン中毒になり、何度も逮捕され、すっかり風貌が変わってしまった。

田原俊彦は還暦超えの今も、ダンスと生歌を披露し、健在である。

村西とおるは乱脈経営がたたり、負債50億円を背負い込むが、復活をとげつつある。

サンドバッグ軍団のターザン八木が懐かしそうに回想した。

「ジャニーズ事務所マル秘情報探偵局を開設したら、田原俊彦の熱狂的なファンから夜通し留守録が入り続け、寝られませんでしたよ」

最大のタブーとされたジャニー喜多川社長の性加害問題も、35年前の蟻の一穴によって公になり、被害の修復がはじまった。

憶測やデマが流れるなか、真相を記録することは無駄ではないだろう。

今回、声をかけてくれた穂原俊二編集長、渦中の人物・村西とおる、そして私は、奇しくも『全裸監督』に関わった3人である。

言うなれば、本書は『全裸監督』アナザーストーリーといえるだろう。

公ちゃん――。

北公次氏の人懐っこい笑顔ばかりが思い浮かぶ。

2023年盛夏

本橋信宏

ブックデザイン　鈴木成一デザイン室

本橋信宏（もとはし・のぶひろ）

1956年埼玉県所沢市生まれ。早稲田大学政治経済学部卒。集合写真で「一人おいて」と、置かれてしまった人物、忘れ去られた英雄を追いつづける。執筆内容はノンフィクション・小説・エッセイ・評論。著書『全裸監督　村西とおる伝』（太田出版／新潮文庫）が原作となり、山田孝之主演でNetflixから世界190か国に配信され、世界的大ヒットとなる。主な著書に『裏本時代』『AV時代』（以上、幻冬舎アウトロー文庫）、『新・AV時代　全裸監督後の世界』（文春文庫）、『心を開かせる技術』（幻冬舎新書）、『〈風俗体験ルポ〉やってみたら、こうだった』『東京最後の異界　鶯谷』『戦後重大事件プロファイリング』（以上、宝島SUGOI文庫）、『東京の異界　渋谷円山町』（新潮文庫）、『上野アンダーグラウンド』『新橋アンダーグラウンド』『高田馬場アンダーグラウンド』『歌舞伎町アンダーグラウンド』（以上、駒草出版）、『エロ本黄金時代』（東良美季共著／河出書房新社）、『全裸監督　村西とおる伝』（新潮文庫）、『ベストセラー伝説』（新潮新書）、『出禁の男　テリー伊藤伝』（イースト・プレス）等多数。1988年、35万部のベストセラーとなった北公次『光GENJIへ』（データハウス）の構成を担当し、同名の映像作品も監督した。また2023年公開されたBBCドキュメンタリー「J-POPの捕食者～秘められたスキャンダル」にも取材協力した。

僕とジャニーズ

発行日　2023年8月20日　第1刷発行

著者　本橋信宏
編集発行人　穂原俊二
発行所　株式会社イースト・プレス
〒101-0051
東京都千代田区神田神保町2-4-7 久月神田ビル
TEL 03-5213-4700
FAX 03-5213-4701
https://www.eastpress.co.jp
印刷所　中央精版印刷株式会社

ISBN 978-4-7816-2247-7 C0095